MON BREVILLE FRITEUSE À AIR
2022

DÉLICIEUSES RECETTES POUR SURPRENDRE VOS INVITÉS

SARAH SMITH

Table des matières

Champignons croustillants au persil et à l'ail 9
Salade de légumes aux poivrons rôtis 9
Riz frit dans des bols de tomates 11
Savoureuse pizza portabella au pepperoni 12
Légumes d'hiver rôtis 14
Polenta au fromage 15
Crevette cajun 16
Fleurs d'oignon 17
Carottes croquantes 18
Petits pains farcis aux poivrons et pommes de terre 19
Boulettes de riz à la mozzarella et à l'ail 21
Rouleaux d'épinards à la mozzarella 23
Lanières d'aubergines croustillantes 25
Boulettes croustillantes au parmesan et aux pommes de terre 26
Chips de patates douces et panais 28
Gratin de pommes de terre 29
Rondelles de brocoli au fromage 31
Bouchées de poulet à la noix de coco 32
Collation de chou-fleur Buffalo 34
Tartinade de pommes de terre 35
Collation à la banane 37
Collation mexicaine aux pommes 39
Muffins aux crevettes 40
Gâteau Zucchini 42

Barres de chou-fleur	43
Craquelins au pesto	45
Muffins à la citrouille	47
des chips à la courgette	49
Collation de bœuf séché	50
Ailes de fête au miel	51
Galettes de fête au saumon	52
chips a la banane	54
Rouleaux de printemps	55
Chips de radis croustillants	57
Bâtonnets de crabe	58
Cornichons à l'aneth frits à l'air	59
Collation aux pois chiches	61
Boulettes de Saucisse	62
Trempette au poulet	63
.Maïs soufflé sucré	65
Croustilles aux pommes	66
Bâtonnets de pain	67
Crevettes croustillantes	68
Apéritif de crevettes cajun	70
Bâtonnets de poisson croustillants	71
Pépites de poisson	73
Rouleaux aux crevettes et châtaignes	75
Apéritif aux fruits de mer	77
Boulettes de saumon	79
Ailes de poulet faciles	81
Rouleaux de poitrine de poulet	83

Bâtonnets de poitrine de poulet croustillants	85
Rouleaux de boeuf	87
Empanadas	89
Boulettes de viande d'agneau à la grecque	91
Rouleaux de fête au boeuf	92
Rouleaux de porc	94
Galettes de boeuf	96
Rouleaux de poivrons rôtis	97
Poivrons farcis	99
Apéritif de tomates aux fines herbes	100
Boulettes d'Olives	101
. Boules de Jalapeno	102
Crevettes Enveloppées	103
Galettes de brocoli	104
Différents poivrons farcis	106
Collation de courgettes au fromage	108
Boulettes d'épinard	109
Apéritif Champignons	111
Ailes de fête au fromage	113
Collation au bacon sucré	115
Rouleaux de poulet	117
Délicieux craquelins au chou frisé et au céleri	119
Croustilles de Blanc d'Oeuf	121
Cakes au thon	122
Collation Calamars et Crevettes	123
Rôti de barbecue râpé appétissant	125
Tendre Épaule De Porc Aux Piments Forts	127

64. Filet de porc aigre braisé 128

Sauté de porc à l'anis et au cumin 130

Boulettes De Viande Au Four Au Fromage De Chèvre 132

Escalope parisienne... 134

Kato Boeuf Stroganoff 136

Pain De Viande Au Gruyère 138

Filet Mignon Rôti En Feuille 140

Bœuf Mijoté Aux Haricots Verts 142

Poivrons farcis à la dinde et au quinoa 144

Salade De Poulet Au Curry, Pois Chiches Et Raïta 145

Vinaigrette Balsamique Sur Poulet Rôti 149

Poulet Pâtes Parmesan.. 150

Poulet Et Haricot Blanc 152

Pad Thai au poulet 154

Cuisses de poulet à la courge musquée 156

Riz cajun et poulet 158

Soupe au poulet pour les amateurs de légumes 160

Parmesan enveloppé de prosciuttoAsperges 162

.JalapeñoPoppers enrobés de bacon 164

Ailes de poulet à l'ail et au parmesan 166

Trempette épicée au poulet Buffalo 168

Pain au bacon et au jalapeño 170

Pizza farcie en rondelles 172

Trempette cheeseburger au bacon 175

Tortillas à la couenne de porc 177

Bâtonnets de mozzarella 178

Rondelles d'oignon enrobées de bacon 181

Mini poppers aux poivrons doux 182

Trempette épicée aux épinards et aux artichauts 184

Croûte de pizza personnelle à la mozzarella 186

Pain au fromage à l'ail 188

Pizza aux trois viandes sans croûte 189

Amandes rôties au barbecue fumé 191

Bœuf séché 192

Nachos à la couenne de porc 193

Amandes Rôties Ranch 195

Brocoli Rôti Chargé 196

Radis grillés au beurre d'herbes à l'ail 198

Chapeaux de champignons farcis à la saucisse 200

Bouchées de chou-fleur au fromage 202

Choux de Bruxelles croustillants 204

Chips de courgettes au parmesan 205

ail rôti 207

Kale Chips 209

Chou-fleur Buffalo 210

Casserole de haricots verts 211

Chou-fleur rôti à la coriandre et à la lime 213

Petit pains 215

Champignons croustillants au persil et à l'ail

(Prêt en 20 min environ | Portions 4 | Normal)

Ingrédients:

2 tranches de pain blanc

3 cuillères à café de persil finement haché

16 petits champignons

4 cuillères à café de beurre fondu

1 gousse d'ail, écrasée

½ cuillère à café de poivre noir

Les directions:

1. Faites chauffer votre AirFryer à 390°F.

2. Broyer le pain à l'aide d'un robot culinaire en chapelure fine. Ajouter le persil, l'ail et le poivre et bien mélanger. Ajouter le beurre fondu et remuer.

3. Retirez toutes les tiges de champignons et mettez la chapelure dans les bouchons. Appuyez pour garder la chapelure ferme dans le bouchon.

4. Mettez les chapeaux dans le panier de la friteuse et faites cuire pendant 8 minutes jusqu'à ce qu'ils deviennent croustillants et dorés.

Nutrition:Calories : 265 kcal.

Salade de légumes aux poivrons rôtis

(Prêt en 35 min environ | Portions 4 | Normal)

Ingrédients:

1½ once de yaourt

1 poivron rouge de taille moyenne

2 onces de feuilles de roquette

3 cuillères à café de jus de citron vert

1 laitue romaine

1 once d'huile d'olive

Poivre noir moulu et sel au goût

Les directions:

1. Faites chauffer votre AirFryer à 392°F et placez-y le poivron. Rôtir pendant 10 minutes jusqu'à ce qu'il soit un peu carbonisé. Mettez le poivron dans un bol, couvrez et laissez reposer environ 15 minutes.

2. Divisez le poivron en 4, retirez la peau et les pépins puis coupez le poivron en fines lanières.

3. Mélangez soigneusement le jus de citron vert, l'huile d'olive et le yogourt dans un bol. Ajoutez le sel et le poivre au besoin et remuez.

4. Ajouter les feuilles de roquette, la laitue et les lanières de poivron dans le mélange de yogourt et mélanger.

Nutrition:Calories : 210 kcal.

Riz frit dans des bols de tomates

(Prêt en 35 min environ | Portions 4 | Normal)

Ingrédients:

4 grosses tomates

2 tasses de riz cuit

8 onces de pois surgelés

1 carotte de taille moyenne, coupée en dés

1 oignon de taille moyenne, coupé en dés

3½ cuillères à café d'huile végétale

1 gousse d'ail, écrasée

3 cuillères à café de sauce soja

Les directions:

1. Coupez le dessus des tomates et nettoyez la moelle et les graines.

2. Faites chauffer l'huile dans un wok à feu doux et ajoutez les oignons, les petits pois, l'ail et les carottes. Faire sauter pendant 2 minutes, ajouter la sauce soja et le riz, puis remuer.

3. Chauffez l'AirFryer à 356°F

Savoureuse pizza portabella au pepperoni

(Prêt en 15 min environ | Portions 4 | Normal)

Ingrédients:

3 chapeaux de champignons portabella, nettoyés et évidés

3 cuillères à soupe de sauce tomate

3 cuillères à soupe d'huile d'olive

3 cuillères à soupe de mozzarella râpée

12 tranches de pepperoni

1 pincée d'assaisonnement italien séché

1 pincée de sel

Les directions:

1. Préchauffez l'AirFryer à 330°F. Verser un filet d'huile d'olive sur les côtés de la portabella. Ajoutez du sel et des assaisonnements italiens à l'intérieur de la portabella pour l'assaisonner.

2. Étaler la sauce tomate sur les champignons, garnir de fromage. Ensuite, placez la portabella dans le panier de cuisson et placez-la dans l'AirFryer pendant 1 minute.

3. Retirez le panier de cuisson et placez les tranches de pepperoni sur la pizza portabella.

4. Cuire 3 à 5 minutes supplémentaires de plus. Garnir de flocons de piment rouge broyés et de parmesan fraîchement râpé.

<u>Nutrition:</u>Calories : 310 kcal.

Légumes d'hiver rôtis

(Prêt en 25 min environ | Portions 6 | Normal)

Ingrédients:

2 oignons rouges, coupés en quartiers

11/3 tasse de panais, pelés et coupés en cubes de 2 cm

11/3 tasse de courge musquée, coupée en deux, épépinée et coupée en cubes

11/3 tasse de céleri, pelé et coupé en cubes de 2 cm

1 cuillère à soupe d'aiguilles de thym frais

1 cuillère à soupe d'huile d'olive, poivre et sel

Les directions:

1. Préchauffez l'AirFryer à 390°F.

2. Mélanger les légumes coupés avec l'huile d'olive et le thym et bien assaisonner au goût.

3. Placez les légumes dans le panier et placez le panier dans l'AirFryer.

4. Faites rôtir les légumes pendant 20 minutes, en remuant une fois jusqu'à ce qu'ils soient dorés et cuits.

<u>Nutrition:</u>Calories : 157 kcal.

Polenta au fromage

(Prêt en environ 1h5min | Portions 6 | Difficile)

Ingrédients:

2 ½ tasses de polenta cuite

1 tasse de sauce marinara

1/4 tasse de parmesan, râpé

1 cuillère à soupe d'huile végétale

Sel au goût

les directions

1. Graisser une plaque à pâtisserie avec de l'huile végétale. Placer la polenta dans le plateau puis réfrigérer pendant 1 heure pour raffermir.

2. Préchauffez l'AirFryer à 350°F. Sortez la plaque du réfrigérateur et coupez la polenta en tranches égales.

3. Placez les tranches dans l'AirFryer et faites cuire pendant 5 à 6 minutes jusqu'à ce qu'elles soient croustillantes.

4. Saupoudrer de parmesan, assaisonner de sel et servir avec la marinara à côté.

Nutrition: Calories : 233 kcal.

Crevette cajun

(Prêt en 10 min environ | Portions 4 | Normal)

Ingrédients:

1¼ livres de crevettes tigrées

¼ cuillère à café de paprika fumé

½ cuillère à café d'assaisonnement Old Bay

¼ cuillère à café de poivre de cayenne

1 cuillère à soupe d'huile d'olive

1 pincée de sel

Les directions :

1. Préchauffez l'AirFryer à 390°F. Combiner tous les ingrédients dans un bol à mélanger; laisser les crevettes bien s'enrober d'huile et d'épices.

2. Placez les crevettes dans le panier de cuisson de l'AirFryer et faites cuire pendant 5 minutes.

3. Servir avec du riz et déguster.

Fleurs d'oignon

(Prêt en 40 min environ | Portions 6 | Normal)

Ingrédients:

4 oignons de taille moyenne, pelés

4 cuillères à café de beurre

3 cuillères à café d'huile végétale

Les directions:

1. Coupez le bas et le haut des oignons. Coupez 4 fentes dans les oignons mais pas jusqu'au bout pour faire 8 segments.

2. Placer les oignons dans de l'eau salée pendant 4 heures pour enlever le piquant.

3. Faites chauffer votre AirFryer à 356 °F.

4. Placez les oignons en fleurs dans le panier de la friteuse. Ajouter une cuillère à café de beurre et arroser d'huile. Cuire pendant 30 minutes.

5. Retirez la couche extérieure carbonisée et servez.

Nutrition: Calories : 230 kcal.

Carottes croquantes

(Temps de préparation : 2 min | Temps de cuisson : 12 min | Portions : 2)

Ingrédients:

4 carottes, tranchées dans le sens de la longueur

1 cuillère à soupe d'huile d'olive

2 cuillères à café de sel

les directions

1. Ajouter le sel et l'huile d'olive dans un bol. Enrober le mélange avec les carottes en arrosant dessus.

2. Faites chauffer l'AirFryer à 360°F.

3. Cuire les carottes pendant 12 minutes et servir.

Nutrition:Calories : 150 kcal.

Petits pains farcis aux poivrons et pommes de terre

(Prêt en 20 min environ | Portions 3 | Normal)

Ingrédients:

6 pommes de terre moyennes, bouillies

2 cuillères à café de farine

6 tranches de pain blanc

1 cuillère à soupe de graines de sésame

1 livre de poivrons hachés (rouge et vert)

½ cuillère à café d'assaisonnement chat masala

Sel au goût

Les directions:

1. Écrasez les pommes de terre cuites dans un grand bol et ajoutez l'assaisonnement et le sel. Bien mélanger.

2. Ajoutez de l'eau à la farine pour obtenir un mélange de bouillie épaisse. Mélanger les graines de sésame et le poivre haché dans un bol séparé.

3. Décollez les bords bruns du pain et utilisez un rouleau à pâtisserie pour l'aplatir. Déposez la farce aux pommes de terre sur le bord du pain et roulez-le en cylindre.

4. Sceller les rouleaux en badigeonnant le bord avec le mélange de farine. Utilisez le mélange pour enrober également les rouleaux. Placer les rouleaux dans le mélange de poivre et de graines de sésame et laisser enrober.

5. Faites chauffer votre AirFryer à 330 °F et placez-y les rouleaux. Faites cuire 5 minutes et retirez-le. Servir chaud avec du ketchup.

<u>**Nutrition:**</u>Calories : 275 kcal.

Boulettes de riz à la mozzarella et à l'ail

(Prêt en 30 min environ | Portions 4 | Normal)

Ingrédients:

1 tasse de riz, bouilli

2 cuillères à soupe de carotte râpée

1 piment vert de taille moyenne, haché finement

2 cuillères à soupe de maïzena

8 onces de fromage paneer, râpé

2 cuillères à soupe de maïs doux

2 cuillères à café de cubes de fromage mozzarella

1 cuillère à café de poudre d'ail

1 cuillère à café d'assaisonnement italien

2 cuillères à soupe de chapelure

4 cuillères à soupe d'eau

Sel au goût

Les directions:

1. Mélanger le riz, l'assaisonnement, le panir, l'ail, 1 cuillère à soupe de maïzena et le sel dans un bol. Écraser et faire une pâte.

2 Ajouter l'eau au reste de la maïzena et remuer pour faire un mélange boueux.

3. Mélangez les cubes de fromage, les carottes, le maïs sucré et le piment dans un bol séparé.

4. Faites un petit trou dans la pâte et farcissez avec le mélange de carottes. Rouler la pâte en boule. Enrober les boules avec le maïs, la bouillie, puis les rouler sur la chapelure pour les enrober.

5. Placer dans l'AirFryer et cuire 15 minutes à 390°F. Servir encore chaud avec une sauce tomate.

<u>Nutrition:</u>Calories : 245 kcal.

Rouleaux d'épinards à la mozzarella

(Prêt en 25 min environ | Portions 2 | Normal)

Ingrédients:

10½ onces de feuilles d'épinards, bouillies

1 cuillère à soupe de fromage mozzarella râpé

2 cuillères à soupe de chapelure

1 oignon, haché finement

1 gousse d'ail, râpée

1 cuillère à soupe d'huile végétale

1 cuillère à café de piment rouge moulu

Sel au goût

2 cuillères à soupe de maïzena

Les directions:

1. Écrasez les épinards pour en faire une purée ; ajoutez la mozzarella, la chapelure, l'ail, la maïzena et le sel. Bien mélanger et mouler en petites boules.

2. Mélangez les oignons et le piment rouge avec du fromage et façonnez-les en petites boules. Faites un trou dans les rouleaux d'épinards et insérez les rouleaux de fromage dans chacun. Assurez-vous que les rouleaux sont uniformément recouverts de tous les côtés.

3. Badigeonnez les rouleaux d'huile et placez-les dans un AirFryer à 390°F. Cuire environ 15 minutes jusqu'à ce qu'ils soient croustillants et servir avec une sauce tomate.

Nutrition: Calories : 210 kcal.

Lanières d'aubergines croustillantes

(Prêt en 30 min environ | Portions 2 | Normal)

Ingrédients:

4 cuillères à soupe de fécule de maïs

1 aubergine de taille moyenne

4 cuillères à soupe d'huile végétale

1 pincée de sel

4 cuillères à soupe d'eau

Les directions:

1. Faites chauffer votre AirFryer à 390°F.

2. Couper l'aubergine en lanières de 0,3 x 3 pouces.

3. Mélangez l'huile, la fécule de maïs et l'eau dans un bol. Ajouter les lanières d'aubergines et mélanger pour bien les enrober.

4. Mettez la moitié des lanières d'aubergines dans l'AirFryer et faites cuire environ 14 minutes jusqu'à ce qu'elles commencent à dorer. Faites de même pour le prochain lot de lanières d'aubergines jusqu'à ce qu'elles soient toutes cuites.

5. Servir chaud avec une trempette au yogourt.

Nutrition: Calories : 163 kcal.

Boulettes croustillantes au parmesan et aux pommes de terre

(Prêt en environ 25 min | Portions 4 | Normal)

Ingrédients:

Pour le remplissage:

8 onces de parmesan, râpé

2 jaunes d'œufs

6 cuillères à café de farine

Une pincée de muscade

4 pommes de terre de taille moyenne, pelées et coupées en dés

1½ once de ciboulette hachée

Une pincée de poivre noir moulu

Une pincée de sel

Pour la panure :

6 onces de chapelure

6 onces de farine

2 œufs, fouettés

3 cuillères à soupe d'huile d'olive

Les directions:

1. Cuire les pommes de terre dans de l'eau avec un peu de sel pendant environ 15 minutes et égoutter.

2. Utilisez un presse-purée pour écraser les pommes de terre afin de former une masse réduite en pulpe et laissez-la refroidir.

3. Ajouter le parmesan, le jaune d'œuf, la ciboulette et la farine et bien mélanger. Ajouter le sel, la muscade et le poivre. Rouler les garnitures de pommes de terre en petites boules rondes.

4. Faites chauffer votre AirFryer à 390°F.

5. Ajouter l'huile à la chapelure et mélanger du bout des doigts jusqu'à ce qu'elle devienne friable.

6. Rouler les boules sur la farine, les tremper dans les œufs battus et enfin les enrober de chapelure. Appuyez pour vous assurer que le revêtement adhère fermement.

7. Mettez les boulettes de pommes de terre dans le panier et faites-les frire jusqu'à ce qu'elles soient dorées pendant environ 8 minutes.

Prendre plaisir!

Nutrition: Calories : 215 Kcal.

Chips de patates douces et panais

(Prêt en 25 min environ | Portions 2 | Normal)

Ingrédients:

1 patate douce de taille moyenne, pelée

2 betteraves de taille moyenne

2 panais de taille moyenne

½ cuillère à café de piment moulu

3 cuillères à café d'huile végétale

Les directions:

1. Préchauffez votre AirFryer à 460°F.

2. Coupez les betteraves, la pomme de terre et les panais en fines tranches. Ajoutez l'huile, le piment, le sel et le poivre, puis mélangez.

3. Mettez dans l'AirFryer et faites cuire pendant 10 minutes. Secouez la casserole et continuez la cuisson jusqu'à ce qu'elle soit croustillante et dorée pendant encore 10 minutes.

<u>Nutrition:</u>Calories : 215 Kcal.

Gratin de pommes de terre

(Prêt en 45 min environ | Portions 6 | Normal)

Ingrédients:

7 pommes de terre Russet moyennes, pelées et tranchées très finement

½ tasse de crème

½ tasse de lait

1 cuillère à café de poivre noir

½ cuillère à café de muscade

½ tasse de gruyère, râpé

Les directions:

1. Préchauffez l'AirFryer à 390°F. Mélanger la crème et le lait dans un bol, puis assaisonner avec de la noix de muscade, du poivre et du sel au goût.

2. Enrober la pomme de terre coupée en fines tranches avec le mélange de lait, puis la déposer dans un plat allant au four.

3. Versez le reste du mélange de crème sur les pommes de terre. Placez le plat de cuisson dans le panier de cuisson dans l'AirFryer. Cuire 25 minutes puis retirer.

4. Répartir le fromage uniformément sur les pommes de terre. Cuire au four pendant 10 minutes jusqu'à coloration.

Nutrition:Calories : 210 kcal.

Rondelles de brocoli au fromage

(Prêt en 2h25 environ | Portions 6 | Normal)

Ingrédients

16 onces de brocoli, haché

3 tasses de fromage cheddar, râpé

3 oeufs

1 tasse de farine

1 tasse de chapelure

Sel et poivre au goût

les directions

1. Fouettez les œufs dans un bol, puis ajoutez le brocoli, le fromage et la farine pour faire une pâte. Couvrir puis mettre au réfrigérateur pendant au moins 2 heures.

2. Utilisez une cuillerée du mélange pour former des boules, puis roulez-les dans la chapelure pour les enrober.

3. Préchauffez l'AirFryer à 350°F. Faites frire les rondelles de brocoli par lots pendant 4 à 5 minutes. Servir avec une trempette ranch et déguster.

<u>Nutrition:</u>Calories : 165 kcal.

Bouchées de poulet à la noix de coco

(Prêt en 25 min environ | Portions 4 | Normal)

Ingrédients:

2 cuillères à café de poudre d'ail

2 oeufs

Sel et poivre noir au goût

¾ tasse de chapelure panko

¾ tasse de noix de coco, râpée

Aérosol de cuisson

8 filets de poulet

Les directions:

1. Mélanger les œufs avec le sel, le poivre et la poudre d'ail dans une tasse, puis bien fouetter.

2. Mélanger la noix de coco et le panko dans un autre plat, puis bien mélanger.

3. Mélanger les filets de poulet dans les coquilles et rouler un puits dans la noix de coco.

4. Saupoudrez les morceaux de poulet d'huile de cuisson, amenez-les dans le bol de l'AirFryers et faites cuire pendant 10 minutes à 350 °F.

5. Mettez-les sur un plateau et faites office d'apéritif.

Prendre plaisir!

<u>Nutrition:</u>Calories : 252, Lipides : 4 g, Fibres : 2 g, Glucides : 14 g, Protéines : 24 g.

Collation de chou-fleur Buffalo

(Prêt en 25 min environ | Portions 4 | Normal)

Ingrédients:

4 tasses de bouquets de chou-fleur

1 tasse de chapelure panko

¼ tasse de beurre, fondu

¼ tasse de sauce de buffle

Mayonnaise pour servir

Les directions:

1. Mélanger le beurre et la sauce buffalo dans un pot, puis bien agiter.

2. Dans cette combinaison, roulez les bouquets de chou-fleur et recouvrez-les de miettes de croûte panko.

3. Placez-les dans le panier de votre AirFryer et faites cuire 15 minutes à 350°F.

4. Disposez-les sur une poêle, puis servez côte à côte avec la mayonnaise.

Prendre plaisir!

<u>Nutrition:</u>Calories : 241, Lipides : 4 g, Fibres : 7 g, Glucides : 8 g, Protéines : 4 g.

Tartinade de pommes de terre

(Prêt en 20 min environ | Portions 10 | Normal)

Ingrédients:

19 onces de haricots garbanzo en conserve, égouttés

1 tasse de patates douces, pelées et hachées

¼ tasse de tahini

2 cuillères à soupe de jus de citron

1 cuillère à soupe d'huile d'olive

5 gousses d'ail, hachées

½ cuillère à café de cumin, moulu

2 cuillères à soupe d'eau

Une pincée de sel et de poivre blanc

Les directions:

1. Placez les pommes de terre dans le panier de votre AirFryer, faites-les cuire 15 minutes à 360° F, refroidissez-les, épluchez-les, placez-les dans le robot culinaire et mixez bien. Football,

2. Appliquez la pâte de sésame, l'ail, les haricots, le jus de citron, le cumin, l'eau et l'huile.

3. Salez et poivrez, repassez, fendez et servez dans des coupes.

Prendre plaisir!

<u>Nutrition:</u>Calories : 200, Lipides : 3 g, Fibres : 10 g, Glucides : 20 g, Protéines : 11 g.

Collation à la banane

(Temps de préparation : 10 min | Temps de cuisson : 5 min | Portions : 8)

Ingrédients:

16 caissettes de croûte

¼ tasse de beurre d'arachide

¾ tasse de pépites de chocolat

1 banane, pelée et coupée en 16 morceaux

1 cuillère à soupe d'huile végétale

Les directions:

1. Placer les pépites de chocolat dans un petit récipient, chauffer à feu doux, remuer jusqu'à ce qu'elles fondent et éteindre.

2. Mélanger le beurre de cacahuète et l'huile de noix de coco dans une tasse, puis bien agiter.

3. Mélangez 1 cuillère à café de chocolat dans une tasse, ajoutez 1 tranche de banane et 1 cuillère à café de mélange de beurre sur le dessus

4. Répétez l'opération avec le reste des tasses, mettez-les toutes dans un plat qui convient à votre AirFryer, faites cuire pendant 5 minutes à 320 ° F,

passez au congélateur et restez-y jusqu'à ce qu'elles soient consommées comme collation.

Prendre plaisir!

<u>Nutrition:</u>Calories : 70, Lipides : 4 g, Fibres : 1 g, Glucides : 10 g, Protéines : 1 g.

Collation mexicaine aux pommes

(Prêt en 25 min environ | Portions 4 | Normal)

Ingrédients:

3 grosses pommes, évidées, pelées et coupées en cubes

2 cuillères à café de jus de citron

¼ tasse de pacanes, hachées

½ tasse de pépites de chocolat noir

½ tasse de sauce au caramel propre

Les directions:

1. Mélangez les pommes et le jus de citron dans une tasse, mélangez et passez à une casserole adaptée à votre AirFryer.

2. Ajouter les pépites de chocolat, les noix de pécan, arroser de sauce au caramel, tourbillonner, incorporer l'AirFryer et cuire 5 minutes à 320 °F.

3. Veuillez mélanger, casser dans de petits bols et servir immédiatement comme collation.

Prendre plaisir!

<u>Nutrition:</u>Calories : 200, Lipides : 4 g, Fibres : 3 g, Glucides : 20 g, Protéines : 3 g.

Muffins aux crevettes

(Prêt en 35 min environ | Portions 6 | Normal)

Ingrédients:

1 courge spaghetti, pelée et coupée en deux

2 cuillères à soupe de mayonnaise

1 tasse de mozzarella, râpée

8 onces de crevettes, décortiquées, cuites et hachées

1 et ½ tasse de panko

1 cuillère à café de flocons de persil

1 gousse d'ail, hachée

Sel et poivre noir au goût

Aérosol de cuisson

Les directions:

1. Placer les moitiés de courge dans l'AirFryer, cuire 16 minutes à 350°F, laisser refroidir et gratter la chair dans un plat.

2. Bien mélanger et appliquer du sel, du poivre, des flocons de persil, du panko, du homard, de la mayonnaise et de la mozzarella.

3. Vaporisez un moule à muffins qui se mélange au spray de friture de votre AirFryer et placez le mélange de courge et de crevettes dans chaque tasse.

4. Incorporer la friteuse et cuire 10 minutes à 360° F.

5. Placer les muffins sur un plateau et servir de collation.

Prendre plaisir!

<u>Nutrition:</u>Calories : 60, Lipides : 2 g, Fibres : 0,4 g, Glucides : 4 g, Protéines : 4 g.

Gâteau Zucchini

(Prêt en 25 min environ | Portions 12 | Normal)

Ingrédients:

Aérosol de cuisson

½ tasse d'aneth, haché

1 oeuf

½ tasse de farine de blé entier

Sel et poivre noir au goût

1 oignon jaune, haché

2 gousses d'ail, hachées

3 courgettes, râpées

Les directions:

1. Mélangez les courgettes dans un bol avec l'ail, l'oignon, la farine, le sel, le poivre, l'œuf et l'aneth, mélangez bien, formez de petites galettes avec ce mélange, vaporisez-les d'un aérosol de cuisson, mettez-les dans le panier de votre AirFryer et cuire à 370°F de chaque côté pendant 6 minutes.

2. Ne les servez que comme collation instantanée.

Prendre plaisir!

<u>Nutrition:</u>Calories : 60, Lipides : 1 g, Fibres : 2 g, Glucides : 6 g, Protéines : 2 g.

Barres de chou-fleur

(Prêt en 35 min environ | Portions 12 | Normal)

Ingrédients:

1 grosse tête de chou-fleur, bouquets séparés

½ tasse de mozzarella, râpée

¼ tasse de blancs d'œufs

1 cuillère à café d'assaisonnement italien

Sel et poivre noir au goût

Les directions:

1. Mettez les fleurs de chou-fleur dans votre robot culinaire, mixez bien, répartissez-les sur une plaque à pâtisserie tapissée qui convient à votre AirFryer, ajoutez-les à la friteuse et faites cuire pendant 10 minutes à 360° F.

2. Déplacer le chou-fleur dans une tasse, ajouter le sel, le poivre, le fromage, les blancs d'œufs et l'assaisonnement italien, bien mélanger, étaler dans une casserole rectangulaire adaptée à votre friteuse, bien presser, placer dans la friteuse et cuire 15 minutes à 360° F.

3. Diviser en 12 lanières, mettre dans une assiette et servir comme collation.

Prendre plaisir!

<u>Nutrition:</u>Calories : 50, Lipides : 1 g, Fibres : 2 g, Glucides : 3 g, Protéines : 3 g.

Craquelins au pesto

(Prêt en 25 min environ | Portions 6 | Normal)

Ingrédients:

½ cuillère à café de levure chimique

Sel et poivre noir au goût

1 et ¼ tasses de farine

¼ cuillère à café de basilic, séché

1 gousse d'ail, hachée

2 cuillères à soupe de pesto de basilic

3 cuillères à soupe de beurre

Les directions:

1. Mélanger le sel, le poivre, la levure chimique, la farine, l'ail, le piment de Cayenne, le basilic, le pesto et le beurre dans un bol et remuer jusqu'à l'obtention d'une pâte.

2. Mettez cette pâte sur un plat de cuisson tapissé d'AirFryer, mettez-la dans la friteuse à 325 ° F et faites cuire pendant 17 minutes.

3. Mettez de côté pour vous rafraîchir, cassez et mangez des craquelins comme collation.

Prendre plaisir!

<u>Nutrition:</u>Calories : 200, Lipides : 20 g, Fibres : 1 g, Glucides : 4 g, Protéines : 7 g.

Muffins à la citrouille

(Prêt en 25 min environ | Portions 18 | Normal)

Ingrédients:

¼ tasse de beurre

¾ tasse de purée de citrouille

2 cuillères à soupe de farine de graines de lin

¼ tasse de farine

½ tasse de sucre

½ cuillère à café de noix de muscade, moulue

1 cuillère à café de cannelle en poudre

½ cuillère à café de bicarbonate de soude

1 oeuf

½ cuillère à café de levure chimique

Les directions:

1. Mélanger le beurre et la purée de citrouille et l'œuf dans une tasse, puis bien mélanger.

2. Bien mélanger et incorporer la farine de graines de lin, la farine, le sucre, le bicarbonate de soude, la poudre à pâte, la muscade et la cannelle.

3. Placez-le dans un moule à muffins adapté à votre friteuse à 350 °F dans la friteuse et faites cuire pendant 15 minutes.

4. Servez des muffins surgelés comme collation.

Prendre plaisir!

Nutrition: Calories : 50, Lipides : 3 g, Fibres : 1, Glucides : 2 g, Protéines : 2 g.

des chips à la courgette

(Prêt en 1 h 10 environ | Portions 6 | Normal)

Ingrédients:

3 courgettes, tranchées finement

Sel et poivre noir au goût

2 cuillères à soupe d'huile d'olive

2 cuillères à soupe de vinaigre balsamique

Les directions:

1. Mélanger l'huile et le vinaigre, le sel et le poivre dans une tasse, puis bien fouetter.

2. Ajouter les lanières de courgettes, bien mélanger pour couvrir, placer dans l'AirFryer et cuire pendant 1 heure à 200° F.

3. Servez des croustilles de corvette congelées comme collation.

Prendre plaisir!

<u>Nutrition:</u>Calories : 40, Lipides : 3 g, Fibres : 7 g, Glucides : 3 g, Protéines : 7 g.

Collation de bœuf séché

(Prêt en 1h30 environ | Portions 6 | Normal)

Ingrédients:

2 tasses de sauce soja

½ tasse de sauce Worcestershire

2 cuillères à soupe de grains de poivre noir

2 cuillères à soupe de poivre noir

2 livres de boeuf rond, tranché

Les directions:

1. Dans une tasse, mélanger et bien fouetter la sauce soja avec les grains de poivre noir, le poivre noir et la sauce Worcestershire.

2. Fixez les tranches de bœuf, mélangez-les pour les enrober et placez-les au réfrigérateur pendant 6 heures.

3. Mettez les rondelles de boeuf dans votre AirFryer et faites-les cuire pendant 1 heure et 30 minutes à 370° F.

4. Passez dans un bol et mangez-le frais.

Prendre plaisir!

Nutrition:Calories : 300, Lipides : 12 g, Fibres : 4 g, Glucides : 3 g, Protéines : 8 g.

Ailes de fête au miel

(Prêt en 25 min environ | Portions 6 | Normal)

Ingrédients:

16 ailes de poulet, coupées en deux

2 cuillères à soupe de sauce soja

2 cuillères à soupe de miel

Sel et poivre noir au goût

2 cuillères à soupe de jus de citron vert

Les directions:

1. Mélanger les ailes de poulet dans un bol de sauce soja, sucre, sel, poivre et jus de citron vert, bien mélanger et réserver 1 heure au réfrigérateur.

2. Mettez les ailes de poulet dans l'AirFryer et faites-les cuire pendant 12 minutes à 360° F, en les coupant en deux.

3. Dressez-les sur un plateau et servez en entrée.

Prendre plaisir!

Nutrition:Calories : 211, Lipides : 4 g, Fibres : 7 g, Glucides : 14 g, Protéines : 3 g.

Galettes de fête au saumon

(Prêt en 35 min environ | Portions 4 | Normal)

Ingrédients:

3 grosses pommes de terre bouillies, égouttées et écrasées

1 gros filet de saumon, sans peau, désossé

2 cuillères à soupe de persil, haché

2 cuillères à soupe d'aneth, haché

Sel et poivre noir au goût

1 oeuf

2 cuillères à soupe de chapelure

Aérosol de cuisson

Les directions:

1. Placez le saumon dans le panier de votre AirFryer et faites cuire 10 minutes à 360° F.

2. Transférez le saumon sur une planche à découper, laissez-le refroidir, émiettez-le et mettez-le dans un bol.

3. Ajouter la purée de pommes de terre, le sel, le poivre, l'aneth, le persil, l'œuf et la chapelure, bien mélanger et façonner 8 galettes avec ce mélange.

4. Placez les galettes de saumon dans le panier de votre AirFryer, vaporisez-les d'huile de cuisson, faites cuire à 360°F pendant 12 minutes en les retournant à mi-cuisson, transférez-les sur un plateau et servez en entrée.

Prendre plaisir!

Nutrition: Calories : 231, Lipides : 3 g, Fibres : 7 g, Glucides : 14 g, Protéines : 4 g.

chips a la banane

(Prêt en 35 min environ | Portions 4 | Normal)

Ingrédients:

4 bananes, pelées et tranchées

Une pincée de sel

½ cuillère à café de poudre de curcuma

½ cuillère à café de chat masala

1 cuillère à café d'huile d'olive

Les directions:

1. Dans un bol, mélanger les tranches de banane avec le sel, le curcuma, le chat masala et l'huile, mélanger et laisser de côté pendant 10 minutes.

2. Transférez les tranches de banane dans votre AirFryer préchauffé à 360 °F et faites-les cuire pendant 15 minutes en les retournant une fois.

3. Servir comme collation.

Prendre plaisir!

<u>Nutrition:</u>Calories : 121, Lipides : 1 g, Fibres : 2 g, Glucides : 3 g, Protéines : 3 g.

Rouleaux de printemps

(Prêt en 35 min environ | Portions 6 | Normal)

Ingrédients:

2 tasses de chou vert, râpé

2 oignons jaunes, hachés

1 carotte, râpée

½ piment, émincé

1 cuillère à soupe de gingembre, râpé

3 gousses d'ail, hachées

1 cuillère à café de sucre

Sel et poivre noir au goût

1 cuillère à café de sauce soja

2 cuillères à soupe d'huile d'olive

10 feuilles de nems

2 cuillères à soupe de maïzena

2 cuillères à soupe d'eau

Les directions:

1. Faire chauffer une poêle à feu moyen avec l'huile, ajouter le chou, les oignons, les carottes, le piment, le gingembre, l'ail, le sucre, le sel, le poivre et la sauce soja, bien mélanger, cuire 2-3 minutes, chauffer et laisser refroidir désactivé.

2. *Cassez les feuilles de rouleaux de printemps en carrés, divisez et roulez le mélange de chou sur le dessus.*

3. *Mélangez la maïzena avec de l'eau dans une cuve, remuez bien et utilisez ce mélange pour sceller les rouleaux de printemps.*

4. *Mettez les nems dans le panier de votre AirFryer et faites-les cuire 10 minutes à 360° F.*

5. *Retournez le rollover et laissez mijoter encore 10 minutes.*

6. *Réserver sur une assiette et servir en entrée.*

Prendre plaisir!

<u>Nutrition:</u>Calories : 214, Lipides : 4 g, Fibres : 4 g, Glucides : 12 g, Protéines : 4 g.

Chips de radis croustillants

(Prêt en 25 min environ | Portions 4 | Normal)

Ingrédients:

Aérosol de cuisson

15 radis, tranchés

Sel et poivre noir au goût

1 cuillère à soupe de ciboulette, hachée

Les directions:

1. Disposez les tranches de radis dans le panier de votre AirFryer, vaporisez-les d'huile de cuisson, assaisonnez avec du sel et du poivre noir au goût, faites-les cuire à 350 °F pendant 10 minutes, en les retournant à mi-cuisson, transférez-les dans des bols et servez avec de la ciboulette saupoudrée sur le dessus.

Prendre plaisir!

Nutrition: Calories : 80, Lipides : 1 g, Fibres : 1 g, Glucides : 1 g, Protéines : 1 g.

Bâtonnets de crabe

(Prêt en 25 min environ | Portions 4 | Normal)

Ingrédients:

10 bâtonnets de crabe, coupés en deux

2 cuillères à café d'huile de sésame

2 cuillères à café d'assaisonnement cajun

Les directions:

1. Placez les bâtonnets de crabe dans un bac, ajoutez l'huile de sésame et l'assaisonnement Cajun, secouez, déplacez-les dans le panier de votre AirFryer et faites cuire 12 minutes à 350° F. Disposez sur un plateau, et servez en apéritif.

Prendre plaisir!

Nutrition:Calories : 110, Lipides : 0 g, Fibres : 1 g, Glucides : 4 g, Protéines : 2 g.

Cornichons à l'aneth frits à l'air

(Prêt en 25 min environ | Portions 4 | Normal)

Ingrédients:

16 onces de cornichons à l'aneth en pot, coupés en quartiers et asséchés

½ tasse de farine blanche

1 oeuf

¼ tasse de lait

½ cuillère à café de poudre d'ail

½ cuillère à café de paprika doux

Aérosol de cuisson

¼ tasse de sauce ranch

Les directions:

1. Dans un bol, mélanger le lait avec l'œuf et bien fouetter.

2. Dans un deuxième bol, mélanger la farine avec le sel, la poudre d'ail et le paprika et mélanger également

3. Trempez les cornichons dans la farine, puis dans le mélange d'œufs et à nouveau dans la farine, et placez-les dans votre AirFryer.

4. Graissez-les avec un aérosol de cuisson, faites cuire les quartiers de cornichons à 400 ° F pendant 5 minutes, transférez-les dans un bol et servez avec la sauce ranch à côté.

Prendre plaisir!

<u>Nutrition:</u>Calories : 109, Lipides : 2 g, Fibres : 2 g, Glucides : 10 g, Protéines : 4 g.

Collation aux pois chiches

(Prêt en 25 min environ | Portions 4 | Normal)

Ingrédients:

15 onces de pois chiches en conserve, égouttés

½ cuillère à café de cumin, moulu

1 cuillère à soupe d'huile d'olive

1 cuillère à café de paprika fumé

Sel et poivre noir au goût

Les directions:

1. Mélangez les pois chiches avec l'huile, le cumin, le paprika, le sel et le poivre dans un plat, mélangez pour couvrir, mettez-les dans le panier de votre friteuse et faites cuire 10 minutes à 390°F.

2. Servir comme collation et casser dans des bols.

Prendre plaisir!

<u>Nutrition:</u>Calories : 140, Lipides : 1 g, Fibres : 6 g, Glucides : 20 g, Protéines : 6 g.

Boulettes de Saucisse

(Prêt en 25 min environ | Portions 9 | Normal)

Ingrédients:

4 onces de chair à saucisse, moulue

Sel et poivre noir au goût

1 cuillère à café de sauge

½ cuillère à café d'ail, haché

1 petit oignon, haché

3 cuillères à soupe de chapelure

Les directions:

1. Dans un bol, mélanger la saucisse avec le sel, le poivre, la sauge, l'ail, l'oignon et la chapelure, bien mélanger et façonner de petites boules avec ce mélange.

2. Mettez-les dans le panier de votre AirFryer, faites cuire à 360°F pendant 15 minutes, répartissez dans des bols et servez comme collation.

Prendre plaisir!

Nutrition: Calories : 130, Lipides : 7 g, Fibres : 1 g, Glucides : 13 g, Protéines : 4 g.

Trempette au poulet

(Prêt en 35 min environ | Portions 10 | Normal)

Ingrédients:

3 cuillères à soupe de beurre, fondu

1 tasse de yaourt

12 onces de fromage à la crème

2 tasses de viande de poulet, cuite et effilochée

2 cuillères à café de poudre de curry

4 oignons verts, hachés

6 onces de fromage Monterey jack, râpé

1/3 tasse de raisins secs

¼ tasse de coriandre, hachée

½ tasse d'amandes, tranchées

Sel et poivre noir au goût

½ tasse de chutney

Les directions:

1. Dans un bol, mélanger le fromage à la crème avec le yogourt et fouetter à l'aide de votre mélangeur.

2. Ajouter la poudre de curry, les oignons verts, la viande de poulet, les raisins secs, le fromage, la coriandre, le sel et le poivre et remuer le tout.

3. Étalez-le dans un plat allant au four qui tient votre AirFryer, saupoudrez d'amandes dessus, placez-le dans votre AirFryer, faites cuire à 300° pendant 25 minutes, répartissez dans des bols, garnissez de chutney et servez comme apéritif.

Prendre plaisir!

<u>Nutrition</u>: Calories : 240, Lipides : 10 g, Fibres : 2 g, Glucides : 24 g, Protéines : 12 g.

.Maïs soufflé sucré

(Prêt en 25 min environ | Portions 4 | Normal)

Ingrédients:

2 cuillères à soupe de grains de maïs

2 et ½ cuillères à soupe de beurre

2 onces de cassonade

Les directions:

1. Placez les grains de maïs dans la casserole de votre AirFryer, faites-les cuire pendant 6 minutes à 400° F, déplacez-les dans une assiette, étalez-les et mettez-les de côté pour l'instant.

2. Faites chauffer une casserole à basse pression, ajoutez le beurre, faites-le fondre, ajoutez le sucre et fouettez avant de dissoudre.

3. Fixez le pop-corn, couvrez, chauffez et répartissez à nouveau sur le plateau.

4. Réfrigérer, casser dans des bols et servir comme collation.

Prendre plaisir!

Nutrition: Calories : 70, Lipides : 0,2 g, Fibres : 0 g, Glucides : 1 g, Protéines : 1 g.

Croustilles aux pommes

(Prêt en 25 min environ | Portions 2 | Normal)

Ingrédients:

1 pomme, évidée et tranchée

Une pincée de sel

½ cuillère à café de cannelle en poudre

1 cuillère à soupe de sucre blanc

Les directions:

1. Mélangez des tranches de pomme avec du sel, du sucre et de la cannelle dans une tasse, agitez, déplacez-vous dans le panier de votre AirFryer, faites cuire à 390 ° F, en remuant une fois pendant 10 minutes.

2. Les chips de pomme sont réparties dans des bols et servies comme collation.

Prendre plaisir!

<u>Nutrition:</u>Calories : 70, Lipides : 0 g, Fibres : 4 g, Glucides : 3 g, Protéines : 1 g.

Bâtonnets de pain

(Prêt en 20 min environ | Portions 2 | Normal)

Ingrédients:

4 tranches de pain, chacune coupée en 4 bâtonnets

2 oeufs

¼ tasse de lait

1 cuillère à café de cannelle en poudre

1 cuillère à soupe de miel

¼ tasse de cassonade

Une pincée de muscade

Les directions:

1. Dans une tasse, mélanger le lait, la cassonade, la cannelle, la muscade et le miel avec les œufs et bien fouetter.

2. Dans ce mélange, trempez les gressins, mettez-les dans le panier de votre AirFryer et faites cuire 10 minutes à 360°F.

3. Répartir les bâtonnets de pain dans des bols et servir comme collation.

Prendre plaisir!

<u>Nutrition:</u>Calories : 140, Lipides : 1 g, Fibres : 4 g, Glucides : 8 g, Protéines : 4 g.

Crevettes croustillantes

(Prêt en 15 min environ | Portions 4 | Normal)

Ingrédients:

12 grosses crevettes, déveinées et décortiquées

2 blancs d'œufs

1 tasse de noix de coco, râpée

1 tasse de chapelure panko

1 tasse de farine blanche

Sel et poivre noir au goût

Les directions:

1. Dans un bol, mélanger le panko avec la noix de coco et remuer.

2. Mettez la farine, le sel et le poivre dans un deuxième bol et fouettez les blancs d'œufs dans un troisième.

3. Trempez les crevettes dans la farine, le mélange de blancs d'œufs et la noix de coco, placez-les toutes dans le panier de votre AirFryer, faites cuire à 350 °F pendant 10 minutes, en les retournant à mi-cuisson.

4. Dresser sur un plateau et servir en entrée.

Prendre plaisir!

<u>Nutrition:</u>Calories : 140, Lipides : 4 g, Fibres : 0 g, Glucides : 3 g, Protéines : 4 g.

Apéritif de crevettes cajun

(Prêt en 15 min environ | Portions 2 | Normal)

Ingrédients:

20 crevettes tigrées décortiquées et déveinées

Sel et poivre noir au goût

½ cuillère à café d'assaisonnement Old Bay

1 cuillère à soupe d'huile d'olive

¼ cuillère à café de paprika fumé

Les directions:

1. Mélanger les crevettes et l'huile, le sel, le poivre, l'assaisonnement à l'ancienne baie, le paprika dans un plat et mélanger pour couvrir.

2. Placez les crevettes dans le panier de votre AirFryer et faites cuire 5 minutes à 390° F.

3. Mettez-les sur un plateau et faites office d'apéritif.

Prendre plaisir!

<u>Nutrition:</u>Calories : 162, Lipides : 6 g, Fibres : 4 g, Glucides : 8 g, Protéines : 14 g.

Bâtonnets de poisson croustillants

(Prêt en 22 min environ | Portions 2 | Normal)

Ingrédients:

4 onces de chapelure

4 cuillères à soupe d'huile d'olive

1 oeuf, battu

4 filets de poisson blanc, désossés, sans peau et coupés en bâtonnets moyens

Sel et poivre noir au goût

Les directions:

1. Mélanger la chapelure avec l'huile dans une tasse, puis bien fouetter.

2. Dans un second bac, déposer la pomme de terre, saler et poivrer et bien fouetter.

3. Trempez le bâtonnet de poisson dans l'œuf et le mélange de chapelure, mettez-les dans le panier de votre AirFryer et faites cuire 12 minutes à 360°F.

4. Placer les bâtonnets de poisson sur un plateau et servir d'apéritif.

Prendre plaisir!

<u>Nutrition:</u>Calories : 160, Lipides : 3 g, Fibres : 5 g, Glucides : 12 g, Protéines : 3 g.

Pépites de poisson

(Prêt en 25 min environ | Portions 4 | Normal)

Ingrédients:

28 onces de filets de poisson, sans peau et coupés en morceaux moyens

Sel et poivre noir au goût

5 cuillères à soupe de farine

1 oeuf, battu

5 cuillères à soupe d'eau

3 onces de chapelure panko

1 cuillère à soupe de poudre d'ail

1 cuillère à soupe de paprika fumé

4 cuillères à soupe de mayonnaise maison

Jus de citron de ½ citron

1 cuillère à café d'aneth séché

Aérosol de cuisson

Les directions:

1. Mélanger la farine et l'eau dans un plat, puis bien mélanger.

2. Connecter la pomme de terre, le poivre et le sel et bien fouetter.

3. Mélangez le panko avec la poudre d'ail et le paprika dans un deuxième plat, puis remuez bien.

4. Saupoudrez les morceaux de poisson dans le mélange de farine et d'œufs puis dans le mélange de panko, mettez-les dans le panier de votre AirFryer, vaporisez-les avec l'huile de cuisson et faites cuire 12 minutes à 400°F.

5. Pendant ce temps, mélanger l'aneth et la mayonnaise au jus de citron dans une cuve et bien fouetter.

6. Disposer les pépites de poisson sur une poêle, puis servir côte à côte avec la mayonnaise à l'aneth.

Prendre plaisir!

Nutrition:Calories : 332, Lipides : 12 g, Fibres : 6 g, Glucides : 17 g, Protéines : 15 g.

Rouleaux aux crevettes et châtaignes

(Prêt en 25 min environ | Portions 4 | Normal)

Ingrédients:

½ livre de crevettes déjà cuites, hachées

8 onces de châtaignes d'eau, hachées

½ livre de champignons shiitake, hachés

2 tasses de chou, haché

2 cuillères à soupe d'huile d'olive

1 gousse d'ail, hachée

1 cuillère à café de gingembre, râpé

3 oignons verts, hachés

Sel et poivre noir au goût

1 cuillère à soupe d'eau

1 jaune d'oeuf

6 rouleaux de printemps

Les directions:

1. Faire chauffer une poêle à feu moyen-élevé avec l'huile, ajouter le chou, les crevettes, les châtaignes, les champignons, l'ail, le gingembre, le sel et le poivre, remuer et laisser mijoter pendant 2 minutes.

2. Mélanger l'œuf et l'eau dans un plat, puis bien mélanger.

3. Disposez les emballages de rouleaux sur une planche de travail, coupez-y le mélange de crevettes et de légumes, scellez les bords avec de la dorure à l'œuf, mettez-les tous dans le panier de votre AirFryer, faites cuire pendant 15 minutes à 360 ° F, placez-les dans une assiette et servez. comme apéritif.

Prendre plaisir!

<u>Nutrition:</u>Calories : 140, Lipides : 3 g, Fibres : 1 g, Glucides : 12 g, Protéines : 3 g.

Apéritif aux fruits de mer

(Prêt en 35 min environ | Portions 4 | Normal)

Ingrédients:

½ tasse d'oignon jaune, haché

1 tasse de poivron vert, haché

1 tasse de céleri, haché

1 tasse de petites crevettes décortiquées et déveinées

1 tasse de chair de crabe, émiettée

1 tasse de mayonnaise maison

1 cuillère à café de sauce Worcestershire

Sel et poivre noir au goût

2 cuillères à soupe de chapelure

1 cuillère à soupe de beurre

1 cuillère à café de paprika doux

Les directions:

1. Dans un bol, mélanger les crevettes avec la chair de crabe, le poivron, l'oignon, la mayonnaise, le céleri, le sel, le poivre et remuer.

2. Ajoutez la sauce Worcestershire, remuez à nouveau et versez le tout dans un plat de cuisson adapté à votre AirFryer.

3. Saupoudrez de chapelure et ajoutez du beurre, introduisez dans votre AirFryer et faites cuire à 320°F pendant 25 minutes en secouant à mi-cuisson.

4. Répartir dans un bol et servir avec du paprika saupoudré sur le dessus comme apéritif.

Prendre plaisir!

<u>Nutrition:</u>Calories : 200, Lipides : 1 g, Fibres : 2 g, Glucides : 5 g, Protéines : 1 g.

Boulettes de saumon

(Prêt en 25 min environ | Portions 4 | Normal)

Ingrédients:

3 cuillères à soupe de coriandre, hachée

1 livre de saumon, sans peau et haché

1 petit oignon jaune, haché

1 blanc d'oeuf

Sel et poivre noir au goût

2 gousses d'ail, hachées

½ cuillère à café de paprika

¼ tasse de panko

½ cuillère à café d'origan, moulu

Aérosol de cuisson

Les directions:

1. Mélangez le saumon avec le chou, la coriandre, le blanc d'œuf, les gousses d'ail, le sel, le poivre, le paprika et l'origan dans votre robot culinaire et mélangez bien.

2. Ajoutez le panko, mélangez à nouveau et utilisez vos mains pour former des boulettes de viande à partir de cette combinaison.

3. Placez-les dans le panier de votre AirFryer, vaporisez-les d'un aérosol de cuisson et faites cuire pendant 12 minutes à 320° F, en secouant la friteuse à mi-course.

4. Placer les boulettes de viande sur un plateau et servir d'apéritif.

Prendre plaisir!

Nutrition: Calories : 289, Lipides : 12 g, Fibres : 3 g, Glucides : 22 g, Protéines : 23 g.

Ailes de poulet faciles

(Prêt en 1h10 environ | Portions 2 | Normal)

Ingrédients:

16 pièces ok ailes de poulet

Sel et poivre noir au goût

¼ tasse de beurre

¾ tasse de fécule de pomme de terre

¼ tasse de miel

4 cuillères à soupe d'ail, haché

Les directions:

1. *Mélangez les ailes de poulet avec du sel, du poivre et de la fécule de pomme de terre dans une tasse, mélangez bien, placez-les dans le panier de votre AirFryer, faites-les cuire 25 minutes à 380°F et 5 minutes de plus à 400°F.*

2. *Pendant ce temps, préparez une poêle beurrée à feu moyen-élevé, faites fondre, ajoutez l'ail, remuez, laissez mijoter 5 minutes, puis mélangez avec le sel, le poivre et le miel.*

3. *Bien fouetter, cuire 20 minutes à pression moyenne et évacuer les gaz.*

4. *Disposez les ailes de poulet dans une poêle, arrosez de sauce au miel et servez en apéritif.*

Prendre plaisir!

Nutrition: Calories : 244, Lipides : 7 g, Fibres : 3 g, Glucides : 19 g, Protéines : 8 g.

Rouleaux de poitrine de poulet

(Prêt en 35 min environ | Portions 4 | Normal)

Ingrédients:

2 tasses de bébés épinards

4 poitrines de poulet désossées et sans peau

1 tasse de tomates séchées au soleil, hachées

Sel et poivre noir au goût

1 et ½ cuillères à soupe d'assaisonnement italien

4 tranches de mozzarella

Un filet d'huile d'olive

Les directions:

1. À l'aide d'un attendrisseur à viande pour aplatir les poitrines de poulet, diviser les tomates, la mozzarella, les épinards, assaisonner avec du sel, du poivre et de l'assaisonnement italien, rouler et fermer.

2. Placez-les dans le panier de votre AirFryer, versez un filet d'huile dessus et faites cuire pendant 17 minutes à 375° F, en retournant une fois.

3. Disposez les rouleaux de poulet sur une poêle, qui servent d'apéritif.

Prendre plaisir!

<u>Nutrition:</u>Calories : 300, Lipides : 1 g, Fibres : 4 g, Glucides : 7 g, Protéines : 10 g.

Bâtonnets de poitrine de poulet croustillants

(Prêt en 25 min environ | Portions 4 | Normal)

Ingrédients:

¾ tasse de farine blanche

1 livre de poitrine de poulet, sans peau, désossée et coupée en bâtonnets moyens

1 cuillère à café de paprika doux

1 tasse de chapelure panko

1 oeuf, battu

Sel et poivre noir au goût

½ cuillère à soupe d'huile d'olive

Zeste de 1 citron, râpé

Les directions:

1. Mélanger le paprika dans un bol avec le zeste de farine, le sel, le poivre, le citron et remuer.

2. Placer l'œuf battu dans un autre bac et la chapelure panko dans un septième.

3. Trempez les morceaux de poulet dans la farine, l'œuf et le panko, mettez-les dans le panier de votre AirFryer doublé, arrosez-les d'huile, faites cuire pendant 8 minutes à 400 ° F, retournez et laissez cuire encore 8 minutes.

4. Mettez-les sur un plateau et servez-les comme collation.

Prendre plaisir!

<u>Nutrition:</u>Calories : 254, Lipides : 4 g, Fibres : 7 g, Glucides : 20 g, Protéines : 22 g.

Rouleaux de boeuf

(Prêt en 25 min environ | Portions 4 | Normal)

Ingrédients:

2 livres de steak de bœuf, ouvert et aplati avec un attendrisseur à viande

Sel et poivre noir au goût

1 tasse de jeunes épinards

3 onces de poivron rouge, rôti et haché

6 tranches de fromage provolone

3 cuillères à soupe de pesto

Les directions:

1. Disposez sur une planche à découper le steak de bœuf aplati, étalez le pesto partout, ajoutez le fromage dans une poêle, ajoutez les poivrons, la laitue, le sel et le poivre au goût.

2. Roulez votre steak, fixez-le avec des cure-dents, salez et poivrez à nouveau, mettez le rouleau dans le panier de votre AirFryer, et faites cuire 14 minutes à 400°F, en coupant le rouleau en deux.

3. Laisser refroidir, casser en petits rouleaux de 2 pouces, mettre sur un plateau et servir comme apéritif.

Prendre plaisir!

<u>Nutrition:</u>Calories : 230, Lipides : 1 g, Fibres : 3 g, Glucides : 12 g, Protéines : 10 g.

Empanadas

(Prêt en 35 min environ | Portions 4 | Normal)

Ingrédients:

1 paquet de coquilles d'empanada

1 cuillère à soupe d'huile d'olive

1 livre de viande de bœuf, hachée

1 oignon jaune, haché

Sel et poivre noir au goût

2 gousses d'ail, hachées

½ cuillère à café de cumin, moulu

¼ tasse de salsa de tomates

1 jaune d'oeuf battu avec 1 cuillère à soupe d'eau

1 poivron vert, haché

Les directions:

1. Chauffez une poêle à feu moyen-élevé avec la graisse, ajoutez le bœuf et faites dorer des deux côtés.

2. Remuer et laisser mijoter pendant 15 minutes ; ajouter l'oignon, l'ail, le sel, le vinaigre, le poivron et la salsa de tomates.

3. Cassez la viande frite en coquilles d'empanada, nettoyez-les avec de la dorure à l'œuf et fermez.

4. Placez-les dans le panier vapeur de votre AirFryer et faites cuire pendant 10 minutes à 350° F.

5. Disposez sur un plateau et servez en entrée.

Prendre plaisir!

<u>Nutrition:</u>Calories : 274, Lipides : 17 g, Fibres : 14 g, Glucides : 20 g, Protéines : 7 g.

Boulettes de viande d'agneau à la grecque

(Prêt en 25 min environ | Portions 10 | Normal)

Ingrédients:

4 onces de viande d'agneau, hachée

Sel et poivre noir au goût

1 tranche de pain, grillée et émiettée

2 cuillères à soupe de fromage feta, émietté

½ cuillère à soupe de zeste de citron, râpé

1 cuillère à soupe d'origan, haché

Les directions:

1. Mélangez la viande dans un bol avec les miettes de pâtes, le sel, le poivre, la feta, l'origan et le zeste de citron, mélangez bien, façonnez 10 boulettes de viande et mettez-les dans votre AirFryer.

2. Faites cuire 8 minutes à 400° F, mettez-les sur une assiette, et servez en entrée.

Prendre plaisir!

Nutrition: Calories : 234, Lipides : 12 g, Fibres : 2 g, Glucides : 20 g, Protéines : 30 g.

Rouleaux de fête au boeuf

(Prêt en 25 min environ | Portions 4 | Normal)

Ingrédients :

14 onces de bouillon de boeuf

7 onces de vin blanc

4 escalopes de bœuf

Sel et poivre noir au goût

8 feuilles de sauge

4 tranches de jambon

1 cuillère à soupe de beurre, fondu

Les directions:

1. Faites chauffer une poêle à feu moyen avec le bouillon, ajoutez le vin, faites cuire jusqu'à ce qu'il réduise, retirez du feu et séparez dans de petits bols

2. Assaisonnez les escalopes de sel et de poivre, enrobez-les de sauge et roulez chacune dans des tranches de jambon.

3. Frottez les rouleaux avec du beurre, mettez-les dans le panier de votre AirFryer et faites cuire 15 minutes à 400°F.

4. Disposez les rouleaux sur une poêle, puis servez-les sur la main avec la sauce.

Prendre plaisir!

<u>Nutrition:</u>Calories : 260, Lipides : 12 g, Fibres : 1 g, Glucides : 22 g, Protéines : 21 g.

Rouleaux de porc

(Prêt en 50 min environ | Portions 4 | Normal)

Ingrédients:

15 onces de filet de porc

½ cuillère à café de piment en poudre

1 cuillère à café de cannelle en poudre

1 gousse d'ail, hachée

Sel et poivre noir au goût

2 cuillères à soupe d'huile d'olive

1 et ½ cuillère à café de cumin, moulu

1 oignon rouge, haché

3 cuillères à soupe de persil, haché

Les directions:

1. Mélanger la cannelle dans un bol avec l'ail, le sel, le poivre, la poudre de chili, l'huile, l'oignon, le Petersen et le cumin et bien mélanger

2. Placer le filet de porc sur une planche à découper et l'aplatir avec un attendrisseur à viande. Et aplatir avec un attendrisseur de boeuf.

3. Imprimez le mélange d'oignons sur le porc, roulez, coupez en rouleaux moyens, mettez-le à 360 ° F dans votre AirFryer préchauffé et faites cuire pendant 35 minutes.

4. Mettez-les sur un plateau et faites office d'apéritif.

Prendre plaisir!

<u>Nutrition</u>: Calories : 304, Lipides : 12 g, Fibres : 1 g, Glucides : 15 g, Protéines : 23 g.

Galettes de boeuf

(Prêt en 20 min environ | Portions 4 | Normal)

Ingrédients:

14 onces de boeuf, haché

2 cuillères à soupe de jambon, coupé en lanières

1 poireau, haché

3 cuillères à soupe de chapelure

Sel et poivre noir au goût

½ cuillère à café de noix de muscade, moulue

Les directions:

1. Mélanger le bœuf et le poireau, le sel, le poivre, le jambon, la chapelure et la muscade dans une tasse, bien fouetter et faire de petites galettes avec ce mélange.

2. Placez-les dans le panier de votre AirFryer, faites cuire 8 minutes à 400°F, disposez-les sur une assiette et servez en entrée.

Prendre plaisir!

Nutrition:Calories : 260, Lipides : 12 g, Fibres : 3 g, Glucides : 12 g, Protéines : 21 g.

Rouleaux de poivrons rôtis

(Prêt en 20 min environ | Portions 6 | Normal)

Ingrédients:

1 poivron jaune, coupé en deux

1 poivron orange, coupé en deux

Sel et poivre noir au goût

4 onces de fromage feta, émietté

1 oignon vert, haché

2 cuillères à soupe d'origan, haché

Les directions:

1. Mélanger le fromage et l'oignon, l'origan, le sel et le poivre dans une tasse et bien fouetter.

2. Placez les moitiés de poivron dans le panier de votre AirFryer, faites cuire pendant 10 minutes à 400 ° F, placez-les sur une planche à découper, laissez refroidir et épluchez.

3. Cassez le mélange de fromage dans chaque moitié de poivron, coupez-le en tranches, fixez-le avec des cure-dents, placez-le sur une assiette et servez en apéritif.

Prendre plaisir!

Nutrition:Calories : 170, Lipides : 1 g, Fibres : 2 g, Glucides : 8 g, Protéines : 5 g.

Poivrons farcis

(Prêt en 18 min environ | Portions 8 | Normal)

Ingrédients:

8 petits poivrons, têtes coupées et graines retirées

1 cuillère à soupe d'huile d'olive

Sel et poivre noir au goût

3,5 onces de fromage de chèvre, coupé en 8 morceaux

Les directions:

1. Dans une tasse, salez et poivrez le fromage et l'huile, et mélangez pour couvrir.

2. Remplissez chaque poivron de fromage de chèvre, mettez-les dans le panier de votre AirFryer, faites cuire 8 minutes à 400° F, disposez-les sur un plateau et servez en apéritif.

Prendre plaisir!

Nutrition: Calories : 120, Lipides : 1 g, Fibres : 1 g, Glucides : 12 g, Protéines : 8 g.

Apéritif de tomates aux fines herbes

(Prêt en 30 min environ | Portions 2 | Normal)

Ingrédients:

2 tomates, coupées en deux

Aérosol de cuisson

Sel et poivre noir au goût

1 cuillère à café de persil, séché

1 cuillère à café de basilic, séché

1 cuillère à café d'origan, séché

1 cuillère à café de romarin, séché

Les directions:

1. Saupoudrez les moitiés de tomates d'huile de cuisson, assaisonnez-les de sel, poivre, persil, basilic, origan et romarin.

2. Placez-les dans le panier de votre AirFryer et faites cuire 20 minutes à 320°F.

3. Mettez-les sur un plateau et faites office d'apéritif.

Prendre plaisir!

Nutrition:Calories : 100, Lipides : 1 g, Fibres : 1 g, Glucides : 4 g, Protéines : 1 g.

Boulettes d'Olives

(Prêt en 14 min environ | Portions 6 | Normal)

Ingrédients:

8 olives noires, dénoyautées et hachées

Sel et poivre noir au goût

2 cuillères à soupe de pesto de tomates séchées

14 tranches de pepperoni, hachées

4 onces de fromage à la crème

1 cuillère à soupe de basilic, haché

Les directions:

1. Mélangez le fromage à la crème avec le sel, le poivre, le basilic, le pepperoni, le pesto et les olives noires dans une tasse, remuez bien et faites de petites boules avec le mélange.

2. Placez-les dans le panier de votre AirFryer, faites cuire 4 minutes à 350°F, disposez-les sur une assiette et servez en collation.

Prendre plaisir!

<u>Nutrition:</u>Calories : 100, Lipides : 1 g, Fibres : 0 g, Glucides : 8 g, Protéines : 3 g.

. Boules de Jalapeno

(Prêt en 14 min environ | Portions 3 | Normal)

Ingrédients:

3 tranches de bacon, cuites et émiettées

3 onces de fromage à la crème

¼ cuillère à café de poudre d'oignon

Sel et poivre noir au goût

1 piment jalapeno, haché

½ cuillère à café de persil, séché

¼ cuillère à café de poudre d'ail

Les directions:

1. Mélanger le fromage à la crème et la pâte de jalapeno, la poudre d'oignon et d'ail, le persil, le bacon, le sel et le poivre dans un bol et bien mélanger.

2. Façonnez de petites boules avec ce mélange, mettez-les dans le panier de votre AirFryer, faites cuire 4 minutes à 350° F, placez-les sur un plat et servez en entrée.

Prendre plaisir!

<u>Nutrition:</u>Calories : 172, Lipides : 4 g, Fibres : 1 g, Glucides : 12 g, Protéines : 5 g.

Crevettes Enveloppées

(Prêt en 18 min environ | Portions 16 | Normal)

Ingrédients:

2 cuillères à soupe d'huile d'olive

10 onces de crevettes déjà cuites, décortiquées et déveinées

1 cuillère à soupe de menthe, hachée

1/3 tasse de mûres, moulues

11 tranches de prosciutto

1/3 tasse de vin rouge

Les directions:

1. Enveloppez chaque crevette dans une tranche de prosciutto, arrosez-les d'huile, frottez bien, mettez 390 ° F dans votre AirFryer préchauffé et faites-les frire pendant 8 minutes.

2. Pendant ce temps, faites chauffer une poêle à feu moyen avec les mûres moulues, ajoutez la menthe et le jus, mélangez, laissez mijoter 3 minutes et retirez du feu.

3. Placer les crevettes sur un plateau, napper de mûres et servir en entrée.

Prendre plaisir!

Nutrition:Calories : 224, Lipides : 12 g, Fibres : 2 g, Glucides : 12 g, Protéines : 14 g.

Galettes de brocoli

(Prêt en 20 min environ | Portions 12 | Normal)

Ingrédients:

4 tasses de bouquets de brocoli

1 et ½ tasse de farine d'amande

1 cuillère à café de paprika

Sel et poivre noir au goût

2 oeufs

¼ tasse d'huile d'olive

2 tasses de fromage cheddar, râpé

1 cuillère à café de poudre d'ail

½ cuillère à café de vinaigre de cidre de pomme

½ cuillère à café de bicarbonate de soude

Les directions:

1. Dans votre robot culinaire, placez les bouquets de brocoli, salez et poivrez, mélangez bien et transférez dans un plat.

2. Ajouter la farine d'amande, la cannelle, le poivre, le paprika, la poudre d'ail, le bicarbonate de soude, le beurre, le lait, les œufs et le vinaigre, bien mélanger et former 12 galettes à partir de ce mélange.

3. Placez-les dans le panier de votre AirFryer préchauffé et faites cuire 10 minutes à 350°F.

4. Placer les galettes sur une poêle et servir d'apéritif.

Prendre plaisir!

<u>Nutrition:</u>Calories : 203, Lipides : 12 g, Fibres : 2 g, Glucides : 14 g, Protéines : 2 g.

Différents poivrons farcis

(Prêt en 30 min environ | Portions 6 | Normal)

Ingrédients:

1 livre de mini poivrons coupés en deux

Sel et poivre noir au goût

1 cuillère à café de poudre d'ail

1 cuillère à café de paprika doux

½ cuillère à café d'origan, séché

¼ cuillère à café de flocons de piment rouge

1 livre de viande de bœuf, hachée

1 et ½ tasse de fromage cheddar, râpé

1 cuillère à soupe de piment en poudre

1 cuillère à café de cumin, moulu

Crème sure pour servir

Les directions:

1. Dans une tasse, mélanger et mélanger la poudre de chili avec le paprika, le sel, le poivre, le cumin, l'origan, les flocons de piment et la poudre d'ail.

2. Faites chauffer une cocotte à pression moyenne, ajoutez le boeuf, remuez et faites dorer 10 min.

3. Ajouter le mélange de poudre de piment, remuer, retirer du feu et remplir les moitiés de piment avec ce mélange.

4. Saupoudrez le fromage partout, mettez les poivrons dans le panier de votre AirFryer et faites-les rôtir pendant 6 minutes à 350° F.

5. Disposez les poivrons sur un plateau, puis mangez-les verticalement avec de la crème sure.

Prendre plaisir!

Nutrition:Calories : 170, Lipides : 22 g, Fibres : 3 g, Glucides : 6 g, Protéines : 27 g.

Collation de courgettes au fromage

(Prêt en 18 min environ | Portions 4 | Normal)

Ingrédients:

1 tasse de mozzarella, râpée

¼ tasse de sauce tomate

1 courgette, tranchée

Sel et poivre noir au goût

Une pincée de cumin

Aérosol de cuisson

Les directions:

1. Disposez les tranches de courgettes dans le panier de votre AirFryer, vaporisez-les d'huile de cuisson, parsemez la sauce tomate partout, assaisonnez-les de sel, poivre, cumin, saupoudrez de mozzarella à la fin, et faites-les rôtir pendant 8 minutes à 320 °F.

2. Mettez-les sur un plateau et servez-les comme collation.

Prendre plaisir!

Nutrition:Calories : 150, Lipides : 4 g, Fibres : 2 g, Glucides : 12 g, Protéines : 4 g.

Boulettes d'épinard

(Prêt en 17 min environ | Portions 30 | Normal)

Ingrédients:

4 cuillères à soupe de beurre, fondu

2 oeufs

1 tasse de farine

16 onces d'épinards

1/3 tasse de fromage feta, émietté

¼ cuillère à café de noix de muscade, moulue

1/3 tasse de parmesan, râpé

Sel et poivre noir au goût

1 cuillère à soupe de poudre d'oignon

3 cuillères à soupe de crème fouettée

1 cuillère à café de poudre d'ail

Les directions:

1. Mélangez les épinards avec le beurre, le lait, les pâtes, la feta, le parmesan, la muscade, la crème fouettée, le sel, le poivre, l'oignon et la

poudre d'ail dans votre mélangeur, mélangez très bien et portez pendant 10 minutes au congélateur.

2. Façonnez 30 boules d'épinards, mettez-les dans le panier de votre AirFryer et faites cuire 7 minutes à 300°F.

3. Servir comme apéritif à une foule.

Prendre plaisir!

<u>**Nutrition:**</u>Calories : 60, Lipides : 5 g, Fibres : 1 g, Glucides : 1 g, Protéines : 2 g.

Apéritif Champignons

(Prêt en 20 min environ | Portions 4 | Normal)

Ingrédients:

¼ tasse de mayonnaise

1 cuillère à café de poudre d'ail

1 petit oignon jaune, haché

24 onces de chapeaux de champignons blancs

Sel et poivre noir au goût

1 cuillère à café de curry en poudre

4 onces de fromage à la crème, doux

¼ tasse de crème sure

½ tasse de fromage mexicain, râpé

1 tasse de crevettes cuites, décortiquées, déveinées et hachées

Les directions:

1. *Mélanger la mayonnaise pour mélanger et bien agiter dans un bol avec la poudre d'ail, l'oignon, la poudre de curry, le fromage à la crème, la crème sure, le fromage mexicain, les fruits de mer, le sel et le poivre.*

2. *Farcissez les champignons avec ce mélange, mettez-les dans le panier de votre AirFryer, et faites cuire 10 minutes à 300°F.*

3. *Disposez sur un plateau et servez en entrée.*

Prendre plaisir!

Nutrition: Calories : 200, Lipides : 20 g, Fibres : 3 g, Glucides : 16 g, Protéines : 14 g.

Ailes de fête au fromage

(Prêt en 22 min environ | Portions 6 | Normal)

Ingrédients:

6 livres d'ailes de poulet, coupées en deux

Sel et poivre noir au goût

½ cuillère à café d'assaisonnement italien

2 cuillères à soupe de beurre

½ tasse de parmesan de fromage, râpé

Une pincée de flocons de piment rouge, broyés

1 cuillère à café de poudre d'ail

1 oeuf

Les directions:

1. Disposez les ailes de poulet dans le plateau de votre AirFryer et faites rôtir pendant 9 minutes à 390 °F.

2. Pendant ce temps, mélanger le beurre avec le fromage, le lait, le sel, le poivre, les flocons de piment, la poudre d'ail et l'assaisonnement italien dans votre mélangeur et bien mélanger.

3. Sortez les ailes de poulet, versez sur la sauce au fromage, remuez bien pour enrober et faites cuire pendant 3 minutes dans le panier de votre AirFryer à 390° F.

4. Servez-les comme un apéritif.

Prendre plaisir!

<u>**Nutrition**</u>: Calories : 204, Lipides : 8 g, Fibres : 1 g, Glucides : 18 g, Protéines : 14 g.

Collation au bacon sucré

(Prêt en 40 min environ | Portions 16 | Normal)

Ingrédients:

½ cuillère à café de cannelle en poudre

16 tranches de bacon

1 cuillère à soupe d'huile d'avocat

3 onces de chocolat noir

1 cuillère à café d'extrait d'érable

Les directions:

1. Disposez les tranches de bacon dans le panier de l'AirFryer, saupoudrez-les du mélange de cannelle et préparez-les pendant 30 minutes à 300 °F.

2. Faites chauffer une casserole à feu moyen avec l'huile, ajoutez le chocolat et remuez jusqu'à ce qu'il fonde.

3. Ajouter l'extrait de sirop, mélanger, retirer du feu et laisser refroidir un peu.

4. Sortez les tranches de bacon du four, laissez-les refroidir, trempez-les chacune dans un mélange de chocolat, posez-les sur du papier sulfurisé et laissez-les refroidir.

5. Servir comme collation, comme de la glace.

Prendre plaisir!

<u>Nutrition:</u>Calories : 200, Lipides : 4 g, Fibres : 5 g, Glucides : 12 g, Protéines : 3 g.

Rouleaux de poulet

(Prêt en 2h20 environ | Portions 16 | Normal)

Ingrédients:

4 onces de fromage bleu, émietté

2 tasses de poulet, cuit et haché

Sel et poivre noir au goût

2 oignons verts, hachés

2 branches de céleri, finement hachées

½ tasse de sauce tomate

12 emballages de rouleaux impériaux

Aérosol de cuisson

Les directions:

1. Mélangez la viande de poulet avec le fromage bleu, le sel, le poivre, les oignons verts, le céleri et la sauce tomate dans une tasse, puis mélangez bien et maintenez pendant 2 heures au réfrigérateur.

2. Déposer les emballages d'œufs sur une planche de travail, couper le mélange de poulet, rouler et sceller les bords dessus.

3. Mettez les rouleaux dans le panier de votre AirFryer, vaporisez-les d'huile de cuisson et faites-les cuire 10 minutes à 350° F en les retournant à mi-cuisson.

Prendre plaisir!

<u>Nutrition:</u>Calories : 220, Lipides : 7 g, Fibres : 2 g, Glucides : 14 g, Protéines : 10 g.

Délicieux craquelins au chou frisé et au céleri

(Prêt en 30 min environ | Portions 6 | Normal)

Ingrédients:

2 tasses de graines de lin, moulues

2 tasses de graines de lin, trempées pendant la nuit et égouttées

4 bottes de chou frisé, hachées

1 bouquet de basilic, haché

½ botte de céleri, haché

4 gousses d'ail, hachées

1/3 tasse d'huile d'olive

Les directions:

1. Mélangez les graines de lin moulues avec le céleri, le chou frisé, le basilic et l'ail dans votre robot culinaire et mélangez bien.

2. Ajouter l'huile et les graines de lin trempées, puis mélanger à nouveau, disperser dans la casserole de votre AirFryer, casser en craquelins moyens et cuire pendant 20 minutes à 380° F.

3. Servir en entrée et casser dans des coupelles.

Prendre plaisir!

Nutrition: Calories : 143, Lipides : 1 g, Fibres : 2 g, Glucides : 8 g, Protéines : 4 g.

Croustilles de Blanc d'Oeuf

(Prêt en 13 min environ | Portions 2 | Normal)

Ingrédients:

½ cuillère à soupe d'eau

2 cuillères à soupe de parmesan, râpé

4 blancs d'œufs

Sel et poivre noir au goût

Les directions:

1. Mélanger les blancs d'œufs avec du sel, du poivre et de l'eau dans une tasse, puis bien fouetter.

2. Saupoudrez-le dans un moule à muffins adapté à votre AirFryer, saupoudrez le fromage dessus, remplissez l'AirFryer et faites cuire pendant 8 minutes à 350 °F.

3. Disposez les chips de blancs d'œufs sur une assiette et servez comme collation.

Prendre plaisir!

<u>Nutrition:</u>Calories : 180, Lipides : 2 g, Fibres : 1 g, Glucides : 12 g, Protéines : 7 g.

Cakes au thon

(Prêt en 20 min environ | Portions 12 | Normal)

Ingrédients:

15 onces de thon en conserve, égoutté et émietté

3 oeufs

½ cuillère à café d'aneth séché

1 cuillère à café de persil, séché

½ tasse d'oignon rouge, haché

1 cuillère à café de poudre d'ail

Sel et poivre noir au goût

Aérosol de cuisson

Les directions:

1. Mélangez le thon avec le sel, le poivre, l'aneth, le persil, l'oignon, la poudre d'ail et les œufs dans une tasse, fouettez bien et faites des gâteaux moyens avec le mélange.

2. Placez les galettes de thon dans le panier de votre AirFryer, vaporisez-les d'huile de cuisson et faites cuire 10 minutes à 350° F et retournez-les à mi-cuisson.

3. Placez-les sur un plateau et faites office d'apéritif.

Prendre plaisir!

Collation Calamars et Crevettes

(Prêt en 30 min environ | Portions 1 | Normal)

Ingrédients:

8 onces de calamars, coupés en rondelles moyennes

7 onces de crevettes, décortiquées et déveinées

1 oeuf

3 cuillères à soupe de farine blanche

1 cuillère à soupe d'huile d'olive

2 cuillères à soupe d'avocat, haché

1 cuillère à café de pâte de tomate

1 cuillère à soupe de mayonnaise

Un trait de sauce Worcestershire

1 cuillère à café de jus de citron

Sel et poivre noir au goût

½ cuillère à café de poudre de curcuma

Les directions:

1. Fouettez l'œuf avec l'huile dans une tasse, appliquez les rondelles de calamars et de crevettes et remuez pour couvrir.

2. Mélanger la farine avec le sel, le poivre et le curcuma dans un autre plat, puis fouetter.

3. Dans cette combinaison, draguez les calamars et les crevettes, mettez-les dans le panier de votre AirFryer et faites cuire pendant 9 minutes à 350° F, en les retournant une fois.

4. Pendant ce temps, mélanger l'avocat avec la pâte de tomate et la mayonnaise dans une tasse et écraser à la fourchette.

5. Bien mélanger et appliquer la sauce Worcestershire, le jus de citron, le sel et le poivre.

6. Disposez les calamars et les crevettes sur un plateau, puis servez horizontalement avec la sauce.

Prendre plaisir!

<u>Nutrition:</u>Calories : 288, Lipides : 23 g, Fibres : 3 g, Glucides : 10 g, Protéines : 15 g.

Rôti de barbecue râpé appétissant

Temps de préparation : 10 minutes

Temps de cuisson : 30 minutes

Portions : 8

Ingrédients:

- 4 livres. Rôti de porc
- 1 c. Poudre d'ail
- Sel et poivre au goût
- 1/2 tasse d'eau
- 2 boîtes (11 oz) de sauce barbecue, keno non sucrée

Les directions:

1. Assaisonnez le porc avec de la poudre d'ail, du sel et du poivre, placez-le dans votre marmite instantanée.
2. Versez de l'eau et verrouillez le couvercle en place; régler sur viande/ragoût, réglage haute pression pendant 30 minutes.
3. Lorsque vous êtes prêt, utilisez la libération rapide - tournez la valve de l'étanchéité à la ventilation pour relâcher la pression.
4. Retirer le porc dans un bol et avec deux fourchettes déchiqueter la viande.
5. Verser la sauce barbecue et remuer pour bien mélanger.
6. Servir.

Nutrition: Calories : 373 kcal/cal Glucides : 2,5 g Protéines : 34 g Lipides : 24 g Fibres : 3 g

Tendre Épaule De Porc Aux Piments Forts

Temps de préparation : 10 minutes

Temps de cuisson : 30 minutes

Portions : 8

                              Ingrédients:

- 3 livres. Épaule de porc désossée
- Sel et poivre noir moulu au goût
- 3 c. De l'huile d'olive
- 1 gros oignon, haché
- 2 gousses d'ail hachées
- 2 - 3 piments chili, hachés
- 1 c. Coriandre moulue
- 1 c. Cumin en poudre
- 1 ½ tasse de bouillon d'os (de préférence fait maison)
- 1/2 tasse d'eau

                              Les directions:

1. Salez et poivrez la viande de porc.
2. Allumez le pot instantané et appuyez sur le bouton de sauté. Lorsque le mot "chaud" apparaît à l'écran, ajoutez l'huile et faites revenir les oignons et l'ail environ 5 minutes.
3. Ajouter le porc et saisir 1 à 2 minutes de tous les côtés; éteignez le bouton de sauté.

4. Ajouter tous les ingrédients restants dans le pot instantané.
5. Verrouillez le couvercle en place et réglez sur le réglage viande/ragoût à feu vif pendant 30 minutes.
6. Lorsque la minuterie émet un bip, appuyez sur "annuler" et retournez soigneusement le bouton de libération naturelle pendant 15 minutes. Servir chaud.

Nutrition: Calories : 389 kcal/cal Glucides : 2,5 g Protéines : 36 g Lipides : 27 g Fibres : 0,5 g

64. Filet de porc aigre braisé

Temps de préparation : 10 minutes

Temps de cuisson : 8 heures

Portions : 6

Ingrédients:

- 1/2 c. De thym sec
- 1/2 c. De sauge
- Sel et poivre noir moulu au goût
- 2 cuillères à soupe d'huile d'olive
- 3 livres. De filet de porc
- 1/3 tasse d'échalotes (hachées)
- 3 gousses d'ail (émincées)
- 3/4 tasse de bouillon d'os
- 1/3 tasse de vinaigre de cidre de pomme

Les directions:

1. Dans un petit bol, mélanger le thym, la sauge, le sel et le poivre noir moulu.
2. Frottez généreusement le porc de tous les côtés.
3. Faites chauffer l'huile d'olive dans une grande poêle et faites saisir le porc pendant 2 à 3 minutes.
4. Placez le porc dans votre mijoteuse et ajoutez les échalotes et l'ail.
5. Verser le bouillon et le vinaigre/jus de cidre de pomme.
6. Couvrir et cuire à feu doux pendant 8 heures ou à feu vif pendant 4 à 5 heures.
7. Déposer le porc sur une assiette, rectifier le sel et le poivre, trancher et servir avec le jus de cuisson.

Nutrition:Calories : 348 kcal/cal Glucides : 3 g Protéines : 51 g Lipides : 12,5 g Fibres : 0,1 g

Sauté de porc à l'anis et au cumin

Temps de préparation : 5 minutes

Temps de cuisson : 30 minutes

Portions : 4

Ingrédients:

- 2 cuillères à soupe. Saindoux
- 2 oignons nouveaux hachés finement (uniquement la partie verte)
- 2 gousses d'ail, finement hachées
- 2 livres. Longe de porc, désossée, coupée en cubes
- Sel de mer et poivre noir moulu au goût
- 1 poivron vert (coupé en fines lanières)
- 1/2 tasse d'eau
- 1/2 c. graines d'aneth
- 1/2 graines d'anis
- 1/2 c. Cumin

Les directions:

1. Chauffer le saindoux dans une grande poêle à frire à feu moyen-vif.
2. Faire revenir les oignons nouveaux et l'ail avec une pincée de sel pendant 3 à 4 minutes.
3. Ajouter le porc et laisser mijoter environ 5 à 6 minutes.

4. Ajouter tous les ingrédients restants : et bien mélanger.
5. Couvrir et laisser mijoter 15 à 20 minutes
6. Goûter et rectifier l'assaisonnement au goût.
7. Servir!

Nutrition: Calories : 351 kcal/cal Glucides : 3 g Protéines : 1 g Lipides : 51,5 g Fibres : 1 g

Boulettes De Viande Au Four Au Fromage De Chèvre

Temps de préparation : 15 minutes

Temps de cuisson : 35 minutes

Portions : 8

Ingrédients:

- 1 cuillère à soupe. De suif
- 2 livres. De boeuf haché
- 1 oeuf bio
- 1 oignon râpé
- 1/2 tasse de lait d'amande (non sucré)
- 1 verre de vin rouge
- 1/2 bouquet de persil haché
- 1/2 tasse de farine d'amande
- Sel et poivre moulu au goût
- 1/2 c. De l'origan sec
- 125 grammes. De fromage de chèvre à pâte dure coupé en cubes

Les directions:

1. Préchauffer le four à 400°f.
2. Graisser un plat allant au four avec du suif.
3. Dans un grand bol, mélanger tous les ingrédients sauf le fromage de chèvre.

4. Pétrir le mélange jusqu'à ce que les ingrédients : soient uniformément combinés.
5. Faites de petites boulettes de viande et placez-les dans un plat allant au four préparé.
6. Déposer un cube de fromage sur chaque boulette de viande.
7. Cuire au four pendant 30 à 35 minutes.
8. Servir chaud.

Nutrition: Calories : 404 kcal/cal Glucides : 2,2 g Protéines : 25,5 g Lipides : 31 g Fibres : 0,5 g

Escalope parisienne

Temps de préparation : 15 minutes

Temps de cuisson : 10 minutes

Portions : 4

Ingrédients:

- 4 steaks de veau; escalope fine
- Sel et poivre noir moulu
- 2 cuillères à soupe. De beurre
- 3 œufs de poules élevées en plein air
- 4 c. De farine d'amande

Les directions:

1. Assaisonner les steaks avec le sel et le poivre.
2. Faire chauffer le beurre dans une grande poêle antiadhésive à feu moyen.
3. Dans un bol, battre les oeufs.
4. Ajouter la farine d'amande dans un bol.
5. Rouler chaque steak dans la farine d'amande, ajouter ensuite, tremper dans les œufs battus.
6. Frire environ 3 minutes de chaque côté.
7. Servir tout de suite.

Nutrition: Calories : 355 kcal/cal Glucides : 0,3 g Protéines : 54 g Lipides : 15 g Fibres : 0 g

Kato Boeuf Stroganoff

Temps de préparation : 5 minutes

Temps de cuisson : 30 minutes

Portions : 6

Ingrédients:

- 2 livres. De rumsteck ou de ronde ou de bifteck à l'étouffée
- 4 c. De l'huile d'olive
- 2 oignons verts, hachés finement
- 1 tomate râpée
- 2 cuillères à soupe. Ketchup (sans sucre)
- 1 tasse de champignons de Paris
- 1/2 tasse de bouillon d'os
- 1 tasse de crème sure
- Sel et poivre noir au goût

Les directions:

1. Couper la viande en lanières et faire revenir dans une grande poêle.
2. Ajouter l'oignon haché et une pincée de sel et cuire la viande environ 20 minutes à température moyenne.
3. Ajouter les champignons et le ketchup et remuer pendant 3 à 5 minutes.
4. Verser le bouillon d'os et la crème sure et cuire 3 à 4 minutes.

5. Retirer du feu, goûter et ajuster le sel et le poivre au goût.
6. Servir chaud.

<u>Nutrition:</u>Calories : 348 kcal/cal Glucides : 4,2 g Protéines : 37 g Lipides : 21 g Fibres : 1 g

Pain De Viande Au Gruyère

Temps de préparation : 15 minutes

Temps de cuisson : 40 minutes

Portions : 6

Ingrédients:

- 1 1/2 lb Le bœuf haché
- 1 tasse d'amandes moulues
- 1 gros œuf de poules élevées en plein air
- 1/2 tasse de gruyère râpé
- 1 c. Persil frais haché finement
- 1 oignon finement haché
- 1/2 c. Cumin en poudre
- 3 oeufs bouillis
- 2 cuillères à soupe. De beurre frais de pâturage, fondu

Les directions:

1. Préchauffer le four à 350°f.
2. Mélanger tous les ingrédients : (sauf les œufs et le beurre) dans un grand bol.
3. À l'aide de vos mains, mélangez bien le mélange.
4. Façonner le mélange en un rouleau et placer au milieu les œufs durs tranchés.

5. Transférer le pain de viande dans un moule à pain de 5 x 9 pouces graissé avec du beurre fondu.
6. Mettre au four et cuire pendant 40 minutes ou jusqu'à une température interne de 160 °F.
7. Retirer du four et laisser reposer 10 minutes.
8. Trancher et servir.

<u>Nutrition:</u>Calories : 598 kcal/cal Glucides : 5,3 g Protéines : 28 g Lipides : 63 g Fibres : 2,6 g

Filet Mignon Rôti En Feuille

Temps de préparation : 15 minutes

Temps de cuisson : 45 minutes

Portions : 8

Ingrédients:

- 3 livres. Filet mignon en un seul morceau
- Sel au goût et poivre noir moulu
- 1 c. De la poudre d'ail
- 1 c. De la poudre d'oignon
- 1 c. De cumin
- 4 c. De l'huile d'olive

Les directions:

1. Préchauffer le four à 425°f.
2. Rincez et nettoyez le filet mignon en enlevant toutes les graisses, ou demandez à votre boucher de le faire pour vous.
3. Assaisonner avec le sel et le poivre, la poudre d'ail, la poudre d'oignon et le cumin.
4. Envelopper le filet mignon dans du papier d'aluminium et le déposer dans une rôtissoire, arroser d'huile d'olive.
5. Rôtir pendant 15 minutes par livre pour une cuisson mi-saignante ou jusqu'à la cuisson désirée.
6. Retirer du four et laisser reposer 10 à 15 minutes avant de servir.

<u>Nutrition:</u>Calories : 350 kcal/cal Glucides : 0,8 g Protéines : 52,5 g Lipides : 12,2 g Fibres : 0,2 g

Bœuf Mijoté Aux Haricots Verts

Temps de préparation : 10 minutes

Temps de cuisson : 50 minutes

Portions : 8

Ingrédients:

- 1/2 tasse d'huile d'olive
- 1 1/2 lb Bœuf coupé en cubes
- 2 oignons verts, hachés finement
- 2 tasses d'eau
- 1 lb de haricots verts frais - parés et coupés en deux en diagonale
- 1 feuille de laurier
- 1 tomate râpée
- 1/2 tasse de feuilles de menthe fraîche, hachées finement
- 1 c. Romarin frais ou sec
- Sel et poivre fraîchement moulu au goût

Les directions:

1. Couper le bœuf en cubes de 1 pouce d'épaisseur.
2. Faire chauffer l'huile d'olive dans une grande casserole à feu vif. Faire sauter le bœuf environ 4 à 5 minutes, saupoudrer d'une pincée de sel et de poivre.

3. Ajouter les oignons verts et remuer et faire sauter pendant environ 3 à 4 minutes supplémentaires jusqu'à ce qu'ils soient ramollis. Verser de l'eau et cuire 2-3 minutes.
4. Ajouter la feuille de laurier et la tomate râpée. Cuire environ 5 minutes; baisser le feu à moyen-doux. Couvrir et laisser mijoter environ 15 minutes.
5. Ajouter les haricots verts, le romarin, le sel, le poivre fraîchement moulu et suffisamment d'eau pour couvrir tous les ingrédients. Laisser mijoter doucement pendant 15 à 20 minutes jusqu'à ce que les haricots verts soient tendres.
6. Saupoudrer de menthe et de romarin, mélanger délicatement et retirer du feu. Servir chaud.

<u>Nutrition:</u>Calories : 354 kcal/cal Glucides : 6 g Protéines : 23 g Lipides : 26,5 g Fibres : 2,7 g

Poivrons farcis à la dinde et au quinoa

Temps de préparation : 15 minutes

Temps de cuisson : 35 minutes

Portions : 6

Ingrédients:

- 3 gros poivrons rouges
- 2 c. Romarin frais haché
- 2 cuillères à soupe. Persil frais haché
- 3 c. Noix de pécan hachées, grillées
- 2 cuillères à soupe. Huile d'olive vierge extra
- ½ tasse de bouillon de poulet
- ½ lb. Saucisse de dinde fumée entièrement cuite, coupée en dés
- ½ c. Le sel
- 2 tasses d'eau
- 1 tasse de quinoa non cuit

Les directions:

1. À feu vif, placez une grande casserole et ajoutez le sel, l'eau et le quinoa. Porter à ébullition.
2. Une fois à ébullition, réduire le feu à feu doux, couvrir et cuire jusqu'à ce que toute l'eau soit absorbée environ 15 minutes.
3. Découvrir le quinoa, éteindre le feu et laisser reposer encore 5 minutes.

4. Couper les poivrons en deux dans le sens de la longueur et jeter les membranes et les graines. Dans une autre casserole d'eau bouillante, ajouter les poivrons, faire bouillir pendant 5 minutes, égoutter et jeter l'eau.
5. Graisser un plat de cuisson de 13 x 9 et préchauffer le four à 350 °C.
6. Placer le poivron bouilli sur le plat de cuisson préparé, remplir uniformément avec le mélange de quinoa et mettre au four.
7. Cuire au four pendant 15 minutes.

Nutrition: Calories : 253 kcal/cal Lipides totaux : 13 g Gras saturés : 2 g Glucides totaux : 21 g Glucides nets : 19,7 g Protéines : 14 g Sucres : 1,3 g Fibres : 3 g Sodium : 545 mg Potassium : 372 mg

Salade De Poulet Au Curry, Pois Chiches Et Raïta

Temps de préparation : 10 minutes

Temps de cuisson : 30 minutes

Portions : 5

Ingrédients:

- 1 tasse de raisins rouges, coupés en deux
- 3-4 tasses de poulet rôti, viande grossièrement déchiquetée
- 2 cuillères à soupe. Coriandre
- 1 tasse de yaourt nature
- 2 tomates moyennes, hachées

- 1 c. Cumin en poudre
- 1 cuillère à soupe. poudre de curry
- 2 cuillères à soupe. Huile végétale
- 1 cuillère à soupe. Gingembre pelé haché
- 1 cuillère à soupe. Ail haché
- 1 oignon moyen, haché
- Ingrédients pois chiches :
- ¼ c. Cayenne
- ½ c. Curcuma
- 1 c. Cumin en poudre
- 1 boîte de 19 oz de pois chiches, rincés, égouttés et épongés
- 1 cuillère à soupe. Huile végétale
- Ingrédients de la garniture et du raito :
- ½ tasse d'amandes tranchées et grillées
- 2 cuillères à soupe. Menthe hachée
- 2 tasses de concombre, pelé, évidé et haché
- 1 tasse de yaourt nature

Les directions:

1. Pour faire la salade de poulet, à feu moyen-doux, placez une casserole moyenne antiadhésive et faites chauffer l'huile.
2. Faire sauter le gingembre, l'ail et l'oignon pendant 5 minutes ou jusqu'à ce qu'ils ramollissent en remuant de temps en temps.
3. Ajouter 1 ½ c. Sel, cumin et curry. Faire sauter pendant deux minutes.

4. Augmenter le feu à moyen-vif et ajouter les tomates. En remuant fréquemment, cuire 5 minutes.
5. Verser la sauce dans un bol, mélanger le poulet, la coriandre et le yogourt. Remuer pour combiner et laisser reposer pour refroidir à température ambiante.
6. Pour faire les pois chiches, dans une poêle antiadhésive, chauffer l'huile pendant 3 minutes.
7. Ajouter les pois chiches et cuire une minute en remuant presque continuellement.
8. Ajouter ¼ c. Sel, cayenne, curcuma et cumin. Remuer pour bien mélanger et cuire pendant deux minutes ou jusqu'à ce que la sauce soit sèche.
9. Transférer dans un bol et laisser refroidir à température ambiante.
10. Pour faire le ratio, mélangez ½ cuillère à café de sel, de menthe, de concombre et de yogourt. Bien mélanger pour combiner et dissoudre le sel.
11. Pour assembler, dans quatre bocaux ou bols à couvercle de 16 oz, superposer les éléments suivants : poulet au curry, ratio, pois chiches et garnir d'amandes.
12. Vous pouvez préparer cette recette la veille et réfrigérer 6 heures avant de servir.

Nutrition: Calories : 403 kcal/cal Lipides totaux : 16 g Glucides nets : 33 g Protéines : 26 g Sucres : 17 g Fibres : 9 g Sodium : 312 mg Potassium : 747 mg

Vinaigrette Balsamique Sur Poulet Rôti

Temps de préparation : 10 minutes

Temps de cuisson : 60 minutes

Portions : 8

Ingrédients:

- 1 cuillère à soupe. Persil frais haché
- 1 c. Zeste de citron
- ½ tasse de bouillon de poulet faible en sel
- 1 poulet entier de 4 lb, coupé en morceaux
- Poivre noir fraîchement moulu
- Le sel
- 2 cuillères à soupe. Huile d'olive
- 2 gousses d'ail, hachées
- 2 cuillères à soupe. Jus de citron frais
- 2 cuillères à soupe. Moutarde de Dijon
- ¼ tasse de vinaigre balsamique

Les directions:

1. Dans un petit bol, fouetter pour mélanger le poivre, le sel, l'huile d'olive, l'ail, le jus de citron, la moutarde et le vinaigre.
2. Dans un sac refermable, combiner le mélange ci-dessus et les morceaux de poulet. Réfrigérer et laisser mariner pendant au

moins 2 heures à une journée entière. Assurez-vous de retourner le sac de temps en temps.
3. Graisser un plat allant au four et préchauffer le four à 400°f.
4. Disposez les morceaux de poulet marinés sur un plat allant au four et enfournez.
5. Rôtir le poulet pendant une heure ou jusqu'à ce qu'il soit bien cuit. Si le poulet est doré et pas encore complètement cuit, couvrir de papier d'aluminium et poursuivre la cuisson.
6. Retirer du four et transférer le poulet dans une assiette de service.
7. Garnir de persil et arroser de jus de citron avant de servir.

Nutrition: Calories : 296 kcal/cal Lipides totaux : 10 g Glucides totaux : 2 g Protéines : 47 g Sucres : 1,4 g Fibres : 0,2 g Sodium : 278 mg Potassium : 580 mg

Poulet Pâtes Parmesan

Temps de préparation : 10 minutes

Temps de cuisson : 20 minutes

Portions : 1

Ingrédients:

- ½ tasse de spaghettis de blé entier cuits
- 1 once. Fromage mozzarella allégé, râpé
- ¼ tasse de sauce marinara préparée

- 2 cuillères à soupe. Chapelure sèche assaisonnée
- 125 grammes. Poitrine de poulet sans peau
- 1 cuillère à soupe. Huile d'olive

Les directions:

1. À feu moyen élevé, placez une poêle allant au four et faites chauffer l'huile.
2. Poêler le poulet de 3 à 5 minutes de chaque côté ou jusqu'à ce qu'il soit bien cuit.
3. Verser la sauce marinara, remuer et poursuivre la cuisson 3 minutes.
4. Éteignez le feu, ajoutez la mozzarella et la chapelure sur le dessus.
5. Mettre dans un gril préchauffé à feu vif et faire griller pendant 10 minutes ou jusqu'à ce que la chapelure soit dorée et que la mozzarella soit fondue.
6. Retirer du gril, servir et déguster.

<u>Nutrition:</u>Calories : 492 kcal/cal Lipides totaux : 19 g Glucides totaux : 32 g Protéines : 49 g Sucres : 11 g Fibres : 6 g Sodium : 488 mg Potassium : 605 mg

Poulet Et Haricot Blanc

Temps de préparation : 10 minutes

Temps de cuisson : 70 minutes

Portions : 6

Ingrédients:

- 2 cuillères à soupe. Coriandre fraîche, hachée
- 2 tasses de fromage monterey jack faible en gras râpé
- 3 tasses d'eau
- 1/8 c. poivre de Cayenne
- 2 c. Poudre de piment pur
- 2 c. Cumin en poudre
- 1 boîte de 4 oz de piments verts hachés
- 1 tasse de grains de maïs
- 2 boîtes de 15 oz de haricots blancs, égouttés et rincés
- 2 gousses d'ail
- 1 oignon moyen, coupé en dés
- 2 cuillères à soupe. Huile d'olive vierge extra
- 1 lb de poitrines de poulet, désossées et sans peau

Les directions:

1. Couper les poitrines de poulet en cubes de ½ pouce et avec du poivre et du sel, assaisonner.

2. À feu vif, placez une grande poêle à frire antiadhésive et faites chauffer l'huile.
3. Faire sauter les morceaux de poulet pendant trois à quatre minutes ou jusqu'à ce qu'ils soient légèrement dorés.
4. Réduire le feu à moyen et ajouter l'ail et l'oignon.
5. Cuire de 5 à 6 minutes ou jusqu'à ce que les oignons soient translucides.
6. Ajouter l'eau, les épices, les piments, le maïs et les haricots. Porter à ébullition.
7. Une fois à ébullition, faites mijoter à feu doux et laissez mijoter pendant une heure, à découvert.
8. Pour servir, garnir d'une pincée de coriandre et d'une cuillère à soupe de fromage.

Nutrition:Calories : 550 kcal/cal Lipides totaux : 18 g Glucides totaux : 51 g Protéines : 48 g Sucre : 2 g Fibres : 14 g Sodium : 817 mg Potassium : 1282 mg

Pad Thai au poulet

Temps de préparation : 10 minutes

Temps de cuisson : 10 minutes

Portions : 6

Ingrédients:

- 2 carottes de taille moyenne, coupées en julienne
- 1 paquet de 12 oz de salade de brocoli
- 5 oignons verts, hachés
- 5 cuillères à soupe. Coriandre fraîche, hachée
- ½ c. Vinaigre de noix de coco
- 4 c. Jus de citron vert frais
- 1 cuillère à soupe. Amines de noix de coco
- 3 c. Sauce poisson
- 5 gousses d'ail, écrasées
- 2 cuillères à soupe. Huile de noix de coco extra vierge
- 1 ½ lb de viande de poulet biologique, coupée en morceaux

Les directions:

1. Chauffer la poêle à feu moyen-élevé et ajouter l'huile de noix de coco.
2. Faire revenir l'ail et l'oignon pendant une minute.
3. Ajouter le poulet et cuire pendant cinq minutes.

4. Ajouter les amines de noix de coco, la sauce de poisson, le vinaigre et le jus de citron vert. Augmenter le feu à vif et laisser mijoter jusqu'à ce que le poulet soit bien cuit.
5. Ajouter la salade de brocoli et les carottes. Remuer constamment jusqu'à ce que les légumes deviennent tendres.
6. Garnir de coriandre et d'oignons verts.

Nutrition: Calories : 287 kcal/cal Lipides totaux : 10 g Glucides totaux : 10 g Protéines : 38 g Sucre : 4 g Fibres : 2 g Sodium : 836 mg Potassium : 683 mg

Cuisses de poulet à la courge musquée

Temps de préparation : 10 minutes

Temps de cuisson : 30 minutes

Portions : 6

Ingrédients:

- 3 tasses de courge musquée, en cubes
- 6 cuisses de poulet désossées
- Un brin de sauge fraîche, hachée
- 1 cuillère à soupe. Huile d'olive
- Sel et poivre au goût

Les directions:

1. Préchauffer le four à 425°f.
2. Dans une poêle, faire revenir la courge musquée et assaisonner avec du sel et du poivre au goût. Une fois la courge cuite, retirer de la poêle et réserver.
3. Dans la même poêle, ajouter de l'huile et cuire les cuisses de poulet 10 minutes de chaque côté.
4. Saler et poivrer et remettre la courge.
5. Retirer la poêle du feu et cuire au four pendant 15 minutes.
6. Servez et dégustez !

Nutrition: Calories : 300 Lipides totaux : 13 g Glucides totaux : 9 g Protéines : 35 g Sucres : 2 g Fibres : 1,5 g Sodium : 149 mg Potassium : 640 mg

Riz cajun et poulet

Temps de préparation : 10 minutes

Temps de cuisson : 20 minutes

Portions : 6

Ingrédients:

- 1 cuillère à soupe d'huile
- 1 oignon, coupé en dés
- 3 gousses d'ail, hachées
- 1 livre de poitrines de poulet, tranchées
- 1 cuillère à soupe d'assaisonnement cajun
- 1 cuillère à soupe de pâte de tomate
- 3 tasses de bouillon de poulet
- 1 ½ tasse de riz brun, rincé
- 1 poivron, haché

Les directions:

1. Placer une casserole à fond épais sur feu moyen élevé et chauffer pendant 2 minutes.
2. Ajouter l'huile et chauffer une minute.
3. Faire revenir l'oignon et l'ail jusqu'à ce qu'ils soient parfumés.
4. Incorporer les poitrines de poulet et assaisonner avec l'assaisonnement cajun.
5. Poursuivre la cuisson 3 minutes.

6. Ajouter la pâte de tomate, le riz et le bouillon de poulet. Porter à ébullition en remuant pour dissoudre la pâte de tomate.
7. Une fois à ébullition, baisser le feu pour laisser mijoter, couvrir et cuire jusqu'à ce que le liquide soit complètement absorbé, environ 15 minutes.
8. Éteignez le feu et laissez reposer encore 5 minutes avant de servir.

Nutrition: Calories : 224 kcal/cal Lipides totaux : 6 g Glucides totaux : 16 g Protéines : 26 g Sucres : 2 g Fibres : 2 g Sodium : 646 mg Potassium : 339 mg

Soupe au poulet pour les amateurs de légumes

Temps de préparation : 10 minutes

Temps de cuisson : 20 minutes

Portions : 4

Ingrédients:

- 1 ½ tasse de bébés épinards
- 2 cuillères à soupe. Orzo (petites pâtes)
- ¼ tasse de vin blanc sec
- 1 14 oz de bouillon de poulet à faible teneur en sodium
- 2 tomates italiennes, hachées
- 1/8 c. Le sel
- ½ c. assaisonnement italien
- 1 grosse échalote, hachée
- 1 petite courgette, coupée en dés
- Filets de poulet de 8 oz
- 1 cuillère à soupe. Huile d'olive vierge extra

Les directions:

1. Dans une grande casserole, chauffer l'huile à feu moyen et ajouter le poulet. Remuer de temps en temps pendant 8 minutes jusqu'à ce qu'ils soient dorés. Transférer dans une assiette. Mettre de côté.

2. Dans la même casserole, ajouter les courgettes, l'assaisonnement italien, l'échalote et le sel et remuer souvent jusqu'à ce que les légumes soient tendres, environ 4 minutes.
3. Ajouter les tomates, le vin, le bouillon et l'orzo et augmenter le feu à vif pour porter le mélange à ébullition. Réduire le feu et laisser mijoter.
4. Ajouter le poulet cuit et incorporer les épinards en dernier.
5. Servir chaud.

Nutrition: Calories : 171 kcal/cal Lipides totaux : 7 g Glucides totaux : 7 g Protéines : 19 g Sucres : 4 g Fibres : 1 g Sodium : 582 mg Potassium : 259 mg

Parmesan enveloppé de prosciutto Asperges

Ingrédients:

1 livre d'asperges

12 (0,5 once) tranches de prosciutto

1 cuillère à soupe d'huile de noix de coco, fondue

2 cuillères à café de jus de citron

1/8 cuillère à café de flocons de piment rouge

1/3 tasse de parmesan râpé

2 cuillères à soupe de beurre salé, fondu

Les directions:

1. Placer une pointe d'asperge sur une tranche de prosciutto sur un plan de travail propre.

2. Arroser de jus de citron et d'huile de noix de coco. Saupoudrer les asperges de flocons de piment rouge et de parmesan. Rouler le prosciutto avec une pointe d'asperge. Placez le panier dans l'AirFryer.

3. Réglez la température sur 375 °F et réglez la minuterie sur 10 minutes supplémentaires.

4. Avant de manger, saupoudrer le rouleau d'asperges de beurre.

Prendre plaisir!

<u>Nutrition:</u>Calories : 263, Protéines : 13,9 g Fibres : 2,4 g, Glucides nets : 4,3 g, Lipides : 20,2 g, Sodium : 368 mg, Glucides : 6,7 g, Sucres : 2,2 g.

JalapeñoPoppers enrobés de bacon

(Prêt en 27 min environ | Portions 4 | Normal)

Ingrédients:

6 jalapeños (environ 4" de long chacun)

3 onces de gras : fromage à la crème

1/3 tasse de fromage cheddar moyen râpé

1/4 cuillère à café de poudre d'ail

12 tranches de bacon sans sucre

Les directions:

1. Coupez le haut des piments jalapeños et coupez-les dans le sens de la longueur en deux sections au milieu. Utilisez un couteau pour couper la membrane blanche et les graines de poivron avec précaution.

2. Placer le fromage à la crème, le cheddar et la poudre d'ail dans un grand plat allant au micro-ondes. Micro-ondes, puis remuer pendant 30 secondes. Mélanger la cuillère de fromage avec les jalapeños.

3. Enroulez une tranche de bacon autour de la moitié de chaque jalapeño, en protégeant entièrement le poivron. Placez le panier dans l'AirFryer.

4. Réglez la température à 400° F et changez la minuterie pour 12 minutes.

5. Changez les poivrons à mi-parcours du cycle de préparation. Servir chaud.

<u>Nutrition:</u>Calories : 246, Protéines : 14,4 g, Fibres : 0,6 g, Glucides nets : 2,0 g Lipides : 17,9 g, Sodium : 625 mg, Glucides : 2,6 g Sucres : 1,6 g.

Ailes de poulet à l'ail et au parmesan

(Prêt en 30 min environ | Portions 4 | Normal)

Ingrédients:

2 livres d'ailes de poulet crues

1 cuillère à café de sel rose de l'Himalaya

1/2 cuillère à café de poudre d'ail

1 cuillère à soupe de levure chimique

4 cuillères à soupe de beurre non salé, fondu

1/3 tasse de parmesan râpé

1/4 cuillère à café de persil séché

Les directions:

1. Dans un grand bol, placer les ailes de poulet, le sel, ½ cuillère à café de poudre d'ail, la poudre à pâte et mélanger. Placez les ailes dans le panier de l'AirFryer.

2. Ajustez la température à 400°F et réglez la minuterie sur 25 minutes.

3. Remuez le panier deux ou trois fois pendant le temps de cuisson.

4. Dans un petit bol, mélanger le beurre, le parmesan et le persil.

5. Retirez les ailes de la friteuse et placez-les dans un grand bol propre. Verser le mélange de beurre sur les ailes et mélanger jusqu'à ce qu'elles soient bien enrobées. Servir chaud.

Prendre plaisir!

<u>Nutrition:</u>Calories : 565, Protéines : 41,8 g, Fibres : 0,1 g, Glucides nets : 2,1 g Lipides : 42, g, Sodium : 1 067 mg, Glucides : 2,2 g Sucres : 0,0 g.

Trempette épicée au poulet Buffalo

(Prêt en 20 min environ | Portions 4 | Facile)

Ingrédients:

1 tasse de blanc de poulet cuit coupé en dés

8 onces de gras entier : fromage à la crème, ramolli

1/2 tasse de sauce de buffle

1/3 tasse de full-Fat : vinaigrette ranch

1/3 tasse de jalapeños marinés hachés

1 ½ tasse de Cheddarcheese moyen râpé, divisé

2 oignons verts, tranchés

Les directions:

1. Placer le poulet dans un grand bol. Ajouter le fromage à la crème, la sauce Buffalo et la vinaigrette ranch. Remuer jusqu'à ce que les épices soient bien mélangées et surtout lisses. Plier les injalapeños et 1 tasse de cheddar.

2. Versez le mélange dans un plat de cuisson rond de 4 tasses et placez le reste du Cheddar sur le dessus. Placez le plat dans le panier de l'AirFryer.

3. Ajustez la température à 350°F et réglez la minuterie sur 10 minutes.

4. Une fois terminé, le dessus sera brun et bouillonnant. Garnir d'oignons verts tranchés. Servir chaud.

Prendre plaisir!

<u>Nutrition:</u>Calories : 472 Protéines : 25,6 g, Fibres : 0,6 g, Glucides nets : 8,5 g Lipides : 32,0 g, Sodium : 1 532 mg, Glucides : 9,1 g Sucres : 7,4 g.

Pain au bacon et au jalapeño

(Prêt en 25 min environ | Portions 2 | Donne 8 bâtonnets (2 bâtonnets par portion) | Normal)

Ingrédients:

2 tasses de fromage mozzarella râpé

¼ tasse de parmesan râpé

¼ tasse de jalapeños marinés hachés

2 gros œufs

4 tranches de bacon sans sucre, cuites et hachées

Les directions:

1. Mélanger tous les ingrédients dans un grand bol. Coupez un morceau de papier sulfurisé pour l'adapter à votre panier AirFryer.

2. Humidifiez vos mains avec un peu d'eau et pressez le mélange en cercle. Vous devrez peut-être le séparer en deux pains au fromage plus petits, selon la taille de votre friteuse.

3. Placez le parchemin et le pain au fromage dans le panier de l'AirFryer.

4. Ajustez la température à 320°F et réglez la minuterie sur 15 minutes.

5. Retournez délicatement le pain lorsqu'il reste 5 minutes.

6. Lorsqu'il est entièrement cuit, le dessus sera doré. Servir chaud et déguster !

Nutrition:Calories : 273, Protéines : 20,1 g, Fibres : 0,1 g, Glucides nets : 2,1 g Lipides : 18,1 g, Sodium : 749 mg, Glucides : 2,3 g, Sucre : 0,7 g.

Pizza farcie en rondelles

(Prêt en 25 min environ | Portions 3 | Donne 24 rouleaux (3 par portion) | Normal)

Ingrédients:

2 tasses de fromage mozzarella râpé

1/2 tasse de farine d'amande 2 gros œufs

72 tranches de pepperoni

8 bâtonnets de fromage mozzarella (1 once), coupés en 3 morceaux

2 cuillères à soupe de beurre non salé, fondu

1/4 cuillère à café de poudre d'ail

½ cuillère à café de persil séché

2 cuillères à soupe de parmesan râpé

Les directions:

1. Dans un grand bol allant au micro-ondes, mettre la mozzarella et la farine d'amande. Micro-ondes pendant 1 minute. Retirer le bol et mélanger

jusqu'à former une boule de pâte. Micro-ondes 30 secondes supplémentaires si nécessaire.

2. Cassez les œufs dans le bol et mélangez jusqu'à ce qu'une boule de pâte lisse se forme. Mouillez vos mains avec de l'eau et pétrissez brièvement la pâte.

3. Déchirez deux grands morceaux de papier sulfurisé et vaporisez un côté de chacun avec un aérosol de cuisson antiadhésif.

4. Placez la boule de pâte entre les deux feuilles, avec les côtés vaporisés face à la pâte. À l'aide d'un rouleau à pâtisserie, abaisser la pâte à ¼" d'épaisseur.

5. Utilisez un couteau pour couper en 24 rectangles. Sur chaque rectangle, déposer 3 tranches de pepperoni et 1 morceau de fromage en ficelle.

6.Plier le rectangle en deux en recouvrant le pepperoni et la garniture au fromage. Pincez ou roulez les côtés fermés. Coupez un morceau de papier *sulfurisé adapté à votre panier AirFryer et placez-le dans le panier. Déposer les rouleaux sur le parchemin.*

7. Ajustez la température à 350°F et réglez la minuterie sur 10 minutes.

8. Après 5 minutes, ouvrez la friteuse et retournez les pizzarolls. Redémarrez la friteuse et poursuivez la cuisson jusqu'à ce que les rouleaux de pizza soient dorés.

9. Dans un petit bol, mettre le beurre, la poudre d'ail et le persil. Badigeonner le mélange sur les rouleaux de pizza cuits, puis saupoudrer de parmesan. Servir chaud.

<u>Nutrition:</u>Calories : 333, Protéines : 20,7 g, Fibres : 0,8 g, Glucides nets : 2,5 g Lipides : 24,0 g, Sodium : 708 mg, Glucides : 3,3 g, Sucres : 0,9 g.

Trempette cheeseburger au bacon

(Prêt en 30 min environ | Portions 6 | Normal)

Ingrédients:

8 onces de gras: fromage à la crème

1/4 tasse de gras : mayonnaise

1/4 tasse de gras entier : crème sure

1/4 tasse d'oignon haché

1 cuillère à café de poudre d'ail

1 cuillère à soupe de sauce Worcestershire 1

1/4 tasse de cheddarcheese moyen râpé, divisé

½ livre de boeuf haché 80/20 cuit

6 tranches de bacon sans sucre, cuites et émiettées

2 grosses pointes de cornichon, hachées.

Les directions:

1. Dans un grand bol allant au micro-ondes, placez le fromage à la crème et passez-le au micro-ondes pendant 45 secondes. Incorporer la mayonnaise, la crème sure, l'oignon, l'ail en poudre et une tasse de sauce

WorcestershireCheddar. Ajouter le bacon et le bœuf haché. Saupoudrer du reste de cheddar.

2. Placez le bol en 6" et mettez-le dans le panier de l'AirFryer.

3. Réglez la température à 400 °F et réglez la minuterie sur 10 minutes.

4. Lorsque le dessus est doré, le bouillonnement saupoudrer les cornichons sur le plat et sert chaud.

Nutrition:Calories : 457, Protéines : 21,6 g, Fibres : 0,2 g, Glucides nets : 3,6 g Lipides : 35,0 g, Sodium : 589 mg, Glucides : 3,8 g, Sucres : 2,2 g.

Tortillas à la couenne de porc

(Prêt en 15 min environ | Portions 4 | Donne 4 tortillas (1 par portion) | Facile)

Ingrédients:

1 once de couenne de porc

3/4 tasse de fromage mozzarella râpé

2 cuillères à soupe de Full-Fat : fromage à la crème

1 œuf large

Les directions:

1. Mettre les couennes de porc dans un robot culinaire et mélanger jusqu'à ce qu'elles soient finement sales.

2. Placez la mozzarella dans un grand bol allant au micro-ondes. Cassez des petits morceaux de fromage à la crème et ajoutez-les au bol. Cuire au micro-ondes pendant 30 secondes, ou jusqu'à ce que les deux types de

fromage soient fondus et facilement remués en boule. Au mélange de fromage, ajouter les couennes de porc hachées et l'œuf.

3. Continuez à remuer jusqu'à ce que le mélange forme une boule. S'il refroidit trop et durcit le fromage, passez-le au micro-ondes pendant 10 secondes supplémentaires.

4. Mettre la pâte de côté en quatre petites boules. Placer chaque boule de pâte entre deux feuilles de papier sulfurisé et rouler en une couche plate de 1/4.

5. Placez les tortillas dans un panier AirFryer à une seule couche ; travailler par lots si nécessaire.

6. Réglez la température à 400 °F et réglez la minuterie sur 5 minutes.

7. Une fois entièrement cuites, les tortillas deviendront croustillantes et fermes. Servez aussitôt et dégustez !

<u>Nutrition:</u>Calories : 145, Protéines : 10,7 g, Fibres : 0,0 g, Glucides nets : 0,8 g Lipides : 10,0 g, Sodium : 291 mg, Glucides : 0,8 g, Sucres : 0,5 g.

Bâtonnets de mozzarella

(Prêt en environ 1 heure 10 min | Portions 3 | Donne 12 bâtonnets (3 par portion) | Normal)

Ingrédients:

6 (1 once) bâtonnets de fromage à la mozzarella

1/2 tasse de parmesan râpé

½- once de couenne de porc, finement moulue

1 cuillère à café de persil séché

2 gros œufs

Les directions:

1. Mettez les bâtonnets de mozzarella sur une planche à découper et coupez-les en deux. Congeler au repos pendant 45 minutes ou jusqu'à consistance solide. Lors de la congélation pendant la nuit, coupez les bâtonnets congelés après 1 heure et placez-les dans un sac de rangement hermétique à fermeture éclair pour une utilisation future.

2. Mélanger le parmesan, les couennes de porc hachées et le persil dans un grand bol.

3. Fouettez ensuite les œufs dans un bol moyen.

4. Badigeonnez une mozzarella congelée sur des œufs battus, puis enrobez-les d'une sauce au parmesan. Répétez l'opération pour les bâtons inutilisés. Placez les bâtonnets de mozzarella dans le bol de l'AirFryer.

5. Ajustez la température à 400 °F et réglez la minuterie sur doré pendant 10 minutes.

6. Servez chaud et dégustez !

<u>Nutrition:</u>Calories : 236, Protéines : 19,2 g Fibres : 0,0 g, Glucides nets : 4,7 g Lipides : 13,8 g, Sodium : 609 mg Glucides : 4,7 g, Sucres : 1,1 g.

Rondelles d'oignon enrobées de bacon

(Prêt en 15 min environ | Portions 4 | Normal)

Ingrédients:

1 gros oignon, pelé

1 cuillère à soupe de sriracha

8 tranches de bacon sans sucre

Les directions:

1. Coupez la pommade en tranches de 1/4" d'épaisseur. Prenez deux tranches d'oignon et attachez le bacon autour des rondelles. Répétez l'opération pour le reste de l'oignon et du bacon.

2. Réglez la température à 350 °F et changez la minuterie pour 10 minutes.

3. Utilisez des pinces pour faire tourner les rondelles d'oignon à mi-cuisson. Le bacon sera croustillant lorsqu'il sera entièrement frit. Mangez chaud et dégustez !

Nutrition:Calories : 105, Protéines : 7,5 g Fibres : 0,6 g Glucides nets : 3,7 g Lipides : 5,9 g, Sodium : 401 mg Glucides : 4,3 g Sucre : 2,3 g.

Mini poppers aux poivrons doux

(Prêt en 30 min environ | Portions 4 | Donne 16 moitiés (4 par portion) | Normal)

Ingrédients:

8 mini-poivrons doux

4 onces de gras entier : fromage à la crème, ramolli

4 tranches de bacon sans sucre, cuites et émiettées

1/4 tasse de fromage Pepper Jack râpé

Les directions:

1. Coupez les têtes de poivrons et coupez-les en deux dans le sens de la longueur. Couper les graines et les membranes à l'aide d'un petit couteau.

2. Assemblez le fromage à la crème, le bacon et le pepper jack dans une cuve peu profonde.

3. Dans chaque poivron, mettre 3 cuillères à café du mélange et presser légèrement fort - placer dans le panier de la friteuse.

4. Réglez la température sur 400 °F et réglez la minuterie sur huit minutes.

5. Servez sucré et dégustez !

<u>Nutrition:</u>Calories : 176, Protéines : 7,4 g, Fibres : 0,9 g Glucides nets : 2,7 g Lipides : 13,4 g, Sodium : 309 mg, Glucides : 3,6 g Sucre : 2,2 g.

Trempette épicée aux épinards et aux artichauts

(Prêt en 20 min environ | Portions 6 | Facile)

Ingrédients:

10 onces d'épinards surgelés, égouttés et décongelés

1 boîte (14 onces) de cœurs d'artichauts, égouttés et hachés

1/4 tasse de jalapeños marinés hachés

8 onces de gras entier : fromage à la crème, ramolli

1/4 tasse de full-Fat: mayonnaise

1/4 tasse de gras entier : crème sure

1/2 cuillère à café de poudre d'ail

¼ tasse de parmesan râpé

1 tasse de fromage Pepper Jack râpé

Les directions:

1. Mélanger les ingrédients dans un plat allant au four de 4 tasses. Placez le panier dans l'AirFryer.

2. Réglez la température à 320 °F et changez la minuterie pour 10 minutes.

3. Commencez en orange, puis bulle. Servir frais et déguster !

<u>Nutrition:</u>Calories : 226, Protéines : 10,0 g, Fibres : 3,7 g, Glucides nets : 6,5 g Lipides : 15,9 g, Sodium : 776 mg, Glucides : 10,2 g Sucres : 3,4 g.

Croûte de pizza personnelle à la mozzarella

(Prêt en 15 min environ | Portions 1 | Normal)

Ingrédients:

1/2 tasse de fromage mozzarella au lait entier râpé

2 cuillères à soupe de farine d'amande blanchie finement moulue

1 cuillère à soupe de gras: fromage à la crème

1 gros blanc d'oeuf

Les directions:

1. Dans un bol moyen allant au micro-ondes, placez la mozzarella, la farine d'amande et le fromage à la crème. Micro-onde qui a duré 30 secondes.

Remuer jusqu'à ce que la boule de pâte se forme bien. Ajouter le blanc d'œuf et remuer jusqu'à ce que la pâte soit souple et ronde.

2. Appuyez sur la croûte d'une pizza à 6 ronds.

3. Coupez un morceau de parchemin pour l'adapter à votre panier AirFryer et placez la croûte sur le parchemin.

4. Réglez la température à 350 °F et réglez la minuterie sur 10 minutes.

5. Retournez la croûte après 5 minutes et placez les garnitures souhaitées à ce moment. Continuez à cuire jusqu'à ce qu'ils soient dorés. Sers immédiatement.

Nutrition: Calories : 314, Protéines : 19,9 g Fibres : 1,5 g, Glucides nets : 3,6 g Lipides : 22,7 g, Sodium : 457 mg Glucides : 5,1 g, Sucres : 1,8 g.

Pain au fromage à l'ail

(Prêt en 20 min environ | Portions 2 | Facile)

Ingrédients:

1 tasse de fromage mozzarella râpé

1/4 tasse de parmesan râpé

1 œuf large

1/2 cuillère à café de poudre d'ail

Les directions:

1. Mélanger les ingrédients dans un grand bol. Coupez un morceau de parchemin pour l'adapter à votre panier avec AirFryer. Pressez le mélange sur le parchemin en cercle et placez-le dans le panier de l'AirFryer.

2. Réglez la température à 350 °F et changez la minuterie pour 10 minutes.

3 Servez chaud et dégustez !

Nutrition:Calories : 258, Protéines : 19,2 g Fibres : 0,1 g Glucides nets : 3,6 g Lipides : 16,6 g, Sodium : 612 mg Glucides : 3,7 g, Sucres : 0,7 g.

Pizza aux trois viandes sans croûte

(Prêt en 10 min environ | Portions 1 | Facile)

Ingrédients:

1/2 tasse de fromage mozzarella râpé

7 tranches de pepperoni

1/4 tasse de saucisse hachée cuite

2 tranches de bacon sans sucre, cuites et émiettées

1 cuillère à soupe de parmesan râpé

2 cuillères à soupe de sauce à pizza à faible teneur en glucides et sans sucre pour tremper

Les directions:

1. Recouvrir le fond du moule à cake de mozzarella. Mettez le pepperoni, la saucisse et le bacon sur le fromage et saupoudrez de parmesan. Placez la casserole dans le panier de l'AirFryer.

2. Changez la température à 400° F et réglez une minuterie de 5 minutes.

3. Couper jusqu'à ce que le fromage soit croustillant et bouillonnant. Servir chaud avec une sauce à pizza pour tremper.

Prendre plaisir!

<u>Nutrition:</u>Calories : 466, Protéines : 28,1 g Fibres : 0,5 g, Glucides nets : 4,7 g Lipides : 34,0 g, Sodium : 1 446 mg Glucides : 5,2 g, Sucres : 1,6 g.

Amandes rôties au barbecue fumé

(Prêt en 11 min environ | Portions 2 | Facile)

Ingrédients:

1 tasse d'amandes crues

2 cuillères à café d'huile de noix de coco

1 cuillère à café de piment en poudre

1/4 cuillère à café de cumin

1/4 cuillère à café de paprika fumé

1/4 cuillère à café de poudre d'oignon

Les directions:

1. Versez tous les ingrédients dans un grand bol jusqu'à ce que les amandes soient uniformément remplies d'huile et d'épices. Placez les amandes dans le panier de l'AirFryer.

2. Réglez la température à 320 °F et changez la minuterie pour 6 minutes.

3. Retirez le panier de la friteuse à mi-cuisson. Activer pour absolument se rafraîchir.

Prendre plaisir!

Nutrition:Calories : 182, Protéines : 6,2 g, Fibres : 3,3 g, Glucides nets : 3,3 g Lipides : 16,3 g, Sodium : 19 mg, Glucides : 6,6 g Sucres : 1,1 g.

Bœuf séché

(Prêt en 4h environ | Portions 10 | Normal)

Ingrédients:

1 livre de boeuf plat en fer, tranché finement

1/4 tasse de sauce soja

2 cuillères à café de sauce Worcestershire

1/4 cuillère à café de flocons de piment rouge broyés

1/4 cuillère à café de poudre d'ail

1/4 cuillère à café de poudre d'oignon

Les directions:

1. Mettre tous les ingrédients dans un sac en plastique ou un pot hermétique et laisser mariner au réfrigérateur pendant 2 heures.

2. Placez chaque tranche de viande séchée en une seule couche sur l'étagère AirFryer.

3. Réglez la température à 160° F et changez la minuterie pour 4 heures.

4. Conserver jusqu'à 1 semaine dans des contenants hermétiques.

<u>Nutrition:</u>Calories : 85, Protéines : 10,2 g, Fibres : 0,0 g, Glucides nets : 0,6 g Lipides : 3,5 g, Sodium : 387 mg, Glucides : 0,6 g Sucres : 0,2 g.

Nachos à la couenne de porc

(Prêt en 10 min environ | Portions 2 | Facile)

Ingrédients:

1 once de couenne de porc

4 onces de poulet cuit effiloché

1/2 tasse de Jackcheese Monterey râpé

1/4 tasse de jalapeños marinés tranchés

1/4 tasse de guacamole

1/4 tasse de gras entier : crème sure

Les directions:

1. Mettez les couennes de porc dans un moule rond de 6 ". Remplissez de poulet grillé et de cric au fromage Monterey. Placez le moule dans le panier avec l'AirFryer.

2. Réglez la température à 370 °F et réglez la minuterie sur 5 minutes ou jusqu'à ce que le fromage soit fondu.

3. Mangez tout de suite avec des jalapeños, du guacamole et de la crème sure.

Prendre plaisir!

Nutrition:Calories : 395, Protéines : 30,1 g, Fibres : 1,2 g, Glucides nets : 1,8 g Lipides : 27,5 g, Sodium : 763 mg, Glucides : 3,0 g Sucres : 1,0 g.

Amandes Rôties Ranch

(Prêt en 10 min environ | Portions 1 | Facile)

Ingrédients:

2 tasses d'amandes crues

2 cuillères à soupe de beurre non salé, fondu

1/2 (1 once) de mélange de vinaigrette ranch

Les directions:

1. Agiter les amandes dans un bol large dans le beurre pour couvrir uniformément. Saupoudrer le mélange ranch et saupoudrer sur les amandes - placer les amandes dans le panier pour AirFryer.

2. Réglez la température à 320 °F et changez la minuterie pour 6 minutes.

3. Agiter un panier pendant la préparation, deux à trois fois.

4. Laissez refroidir pendant au moins 20 minutes. Pendant la réfrigération, les amandes peuvent être lisses pour devenir plus croquantes. Placer jusqu'à 3 jours dans un bocal hermétique.

Prendre plaisir!

Nutrition:Calories : 190, Protéines : 6,0 g, Fibres : 3,0 g, Glucides nets : 4,0 g Lipides : 16,7 g, Sodium : 133 mg, Glucides : 7,0 g Sucres : 1,0 g.

Brocoli Rôti Chargé

(Prêt en 20 min environ | Portions 2 | Facile)

Ingrédients:

3 tasses de bouquets de brocoli frais

1 cuillère à soupe d'huile de noix de coco

1/2 tasse de fromage cheddar fort râpé

1/4 tasse de gras entier : crème sure

4 tranches de bacon sans sucre, cuites et émiettées

1 oignon vert, tranché

Les directions:

1. Mettez le brocoli dans le réservoir de l'AirFryer et arrosez-le d'huile de noix de coco.

2. Réglez la température à 350 °F et modifiez la minuterie de 10 minutes de plus.

3. Lancez un panier deux ou trois fois pendant l'entraînement ou évitez les points de brûlure.

4. Retirer de la friteuse pendant que le brocoli continue de croustiller en haut. Couvrir pour garnir de fromage fondu, de crème sure et de tranches de bacon et d'oignons verts émiettés.

<u>Nutrition:</u>Calories : 361, Protéines : 18,4 g, Fibres : 3,6 g, Glucides nets : 6,9 g Lipides : 25,7 g, Sodium : 564 mg, Glucides : 10,5 g, Sucres : 3,3 g.

Radis grillés au beurre d'herbes à l'ail

(Prêt en 20 min environ | Portions 4 | Facile)

Ingrédients:

1 livre de radis

2 cuillères à soupe de beurre non salé, fondu

1/2 cuillère à café de poudre d'ail

½ cuillère à café de persil séché

1/4 cuillère à café d'origan séché

1/4 cuillère à café de poivre noir moulu

Les directions:

1. Séparez les radis des racines et cassez-les en morceaux.

2. Ensuite, appliquez le beurre et les assaisonnements dans un bac peu profond. Dans le beurre aux herbes, tourbillonnez les radis et mettez-les dans le panier de l'AirFryer.

3. Réglez la température à 350° F et changez la minuterie pour 10 minutes.

4. Jetez les radis dans le panier de l'AirFryer à mi-cuisson. Laisser refroidir avant que les bords ne commencent à virer à l'orange.

5. Servir chaud et déguster !

Nutrition: Calories : 63, Protéines : 0,7 g Fibres : 1,3 g, Glucides nets : 1,6 g Lipides : 5,4 g, Sodium : 28 mg Glucides : 2,9 g, Sucres : 1,4 g.

Chapeaux de champignons farcis à la saucisse

(Prêt en 16 min environ | Portions 2 | Facile)

Ingrédients:

6 grands chapeaux de champignons portobello

½ livre de saucisse italienne

1/4 tasse d'oignon haché

2 cuillères à soupe de farine d'amande blanchie finement moulue

¼ tasse de parmesan râpé

1 cuillère à café d'ail frais haché

Les directions:

1. À l'aide d'une cuillère, creuser chaque chapeau de champignons et conserver les grattages.

2. Faire revenir le saucisson dans une casserole moyenne à feu moyen environ 10 minutes,

ou jusqu'à ce qu'il soit complètement cuit et qu'il ne reste plus de rose. Égouttez puis appliquez les raclures stockées de champignons, de chou, de farine d'amande, de parmesan et d'ail. Pliez délicatement les ingrédients *ensemble et poursuivez la cuisson pendant une minute supplémentaire, puis retirez du feu.*

3. Versez le mélange uniformément dans les chapeaux de champignons et placez les chapeaux dans un pot de 6 ronds. Placez la casserole dans le panier de l'AirFryer.

4. Réglez la température sur 375 °F et réglez la minuterie sur huit minutes.

5. Les dessus seront dorés et bouillonnants à la fin de la friture et serviront doux.

<u>Nutrition:</u>Calories : 404, Protéines : 24,3 g Fibres : 4,5 g, Glucides nets : 13,7 g Lipides : 25,8 g, Sodium : 1 106 mg Glucides : 18,2 g Sucres : 8,1 g.

Bouchées de chou-fleur au fromage

(Prêt en 30 min environ | Portions 6 | Facile)

Ingrédients:

1 grosse tête de chou-fleur

1 tasse de fromage mozzarella râpé

1/2 tasse de parmesan râpé

1 œuf large

1/4 cuillère à café de poudre d'ail

1/4 cuillère à café de persil séché

1/8 cuillère à café de poudre d'oignon

Les directions:

1. Remplissez une grande casserole avec 2 tasses d'eau sur la cuisinière et insérez un cuiseur vapeur dans le four. Mettez à bouillir le bain. Cassez le chou-fleur en fleur et placez-le sur une boîte à vapeur—couvrez la marmite et le couvercle.

2. Laissez cuire le chou-fleur à la vapeur pendant 7 minutes jusqu'à ce qu'il soit tendre. Mettez l'étamine ou le torchon propre du panier vapeur et laissez refroidir. Poussez sur l'évier pour éliminer autant d'humidité supplémentaire que possible. Si toute l'humidité n'est pas éliminée, le mélange sera trop mou pour former des boudins. Écraser jusqu'à consistance lisse avec une lame.

3. Dans un grand bol à mélanger, mettre le chou-fleur et ajouter la mozzarella, le parmesan, l'œuf, la poudre d'ail, le persil et la poudre d'oignon. Retirer jusqu'à ce que le tout soit bien mélangé. Le mélange doit être lisse mais facile à mouler.

4. Prenez 2 cuillères à soupe du mélange et roulez le mélange dans une forme tot. Répéter avec le reste du mélange. Placez le panier dans l'AirFryer.

5. Réglez la température à 320 °F et réglez la minuterie sur 12 minutes.

6. Retourner les bouchées à mi-cuisson. Les bouchées de chou-fleur doivent être dorées à la fin de la cuisson. Servir chaud.

<u>Nutrition:</u>Calories : 181, Protéines : 13,5 g, Fibres : 3,0 g, Glucides nets : 6,6 g Lipides : 9,5 g, Sodium : 417 mg, Glucides : 9,6 g Sucre : 3,2 g.

Choux de Bruxelles croustillants

(Prêt en 15 min environ | Portions 4 | Facile)

Ingrédients:

1 livre de choux de Bruxelles

1 cuillère à soupe d'huile de noix de coco

1 cuillère à soupe de beurre non salé, fondu

Les directions:

1. Extrayez toutes les pousses de feuilles en vrac de Bruxelles et coupez-les en deux chacune.

2. Vaporisez de l'huile de noix de coco et placez-la dans le panier de l'AirFryer.

3. Réglez la température à 400° F et changez la minuterie pour 10 minutes. Vous voudrez peut-être remuer doucement à mi-cuisson, selon la façon dont ils commencent à dorer.

4. Ils doivent être tendres avec des taches caramélisées plus foncées lorsqu'ils sont complètement cuits. Arroser de beurre fondu et couper du bol de la friteuse. Servir aussitôt.

Nutrition:Calories : 90, Protéines : 2,9 g Fibres : 3,2 g Glucides nets : 4,3 g Lipides : 6,1 g, Sodium : 21 mg Glucides : 7,5 g Sucres : 1,9 g.

Chips de courgettes au parmesan

(Prêt en 20 min environ | Portions 1 | Facile)

Ingrédients:

2 courgettes moyennes

1 once de couenne de porc

1/2 tasse de parmesan râpé

1 œuf large

Les directions:

1. Trancher les courgettes en lanières de 1/4" d'épaisseur. Mettre 30 minutes entre deux couches d'essuie-tout ou un torchon propre pour éliminer toute humidité supplémentaire.

2. Mettez les couennes de porc dans un robot culinaire et mixez jusqu'à ce qu'elles soient finement moulues. Verser dans un bol moyen et mélanger avec le parmesan.

3. Battez l'œuf dans une casserole peu profonde.

4. Tremper les tranches de courgettes dans le mélange d'œufs puis dans le mélange de couenne de porc, couvrir le plus complètement possible. Placez

soigneusement chaque tranche dans une seule couche du bol de l'AirFryer, en opérant par lots selon les besoins.

5. Changez la température à 320 °F et réglez une minuterie de 10 minutes.

6. Retournez les frites à mi-cuisson. Servir chaud et déguster !

<u>Nutrition:</u>Calories : 121, Protéines : 9,9 g Fibres : 0,6 g Glucides nets : 3,2 g, Lipides : 6,7 g, Sodium : 364 mg Glucides : 3,8 g Sucre : 1,6 g.

ail rôti

(Prêt en 20 min environ | Portions 1 | Facile)

Ingrédients:

1 tête d'ail moyenne

2 cuillères à café d'huile d'avocat

Les directions:

1. Enlevez tout excès de pelure suspendu à l'ail, recouvrez toujours les gousses. Fermer

1/4 de la poignée d'ail, avec des pointes de gousse visibles.

2. Vaporisateur d'huile d'avocat. Placez la tête d'ail dans une petite feuille de papier d'aluminium, et enfermez-la complètement. Placez-le dans le panier pour AirFryer.

3. Réglez la température à 400° F et changez la minuterie pour 20 minutes. Si votre tête d'ail est un peu plus petite, prenez 15 minutes pour la vérifier.

4. Tout doit être doré et très moelleux une fois terminé.

5. Les clous de girofle doivent sortir pour être mangés et être dispersés ou tranchés rapidement. Au réfrigérateur, enfermer dans un bocal hermétique jusqu'à 5 jours. Vous pouvez également congeler des clous de girofle individuels sur une plaque à pâtisserie, puis les enfermer ensemble

jusqu'à ce qu'ils soient congelés dans un bocal de stockage allant au congélateur.

<u>Nutrition:</u>Calories : 11, Protéines : 0,2 g, Fibres : 0,1 g, Glucides nets : 0,9 g Lipides : 0,7 g, Sodium : 0 mg, Glucides : 1,0 g Sucres : 0,0 g.

Kale Chips

(Prêt en 10 min environ | Portions 4 | Facile)

Ingrédients:

4 tasses de kale cuit à la vapeur

2 cuillères à café d'huile d'avocat

1/2 cuillère à café de sel

Les directions:

1. Faites tourbillonner le chou frisé dans l'huile d'avocat dans une grande cuve et saupoudrez de sel. Placez-le dans le panier de l'AirFryer.

2. Changez la température à 400° f et réglez une minuterie de 5 minutes.

3. Une fois terminé, le chou frisé serait croustillant. Servir aussitôt.

Nutrition: Calories : 25, Protéines : 0,5 g Fibres : 0,4 g, Glucides nets : 0,7 g Lipides : 2,2 g, Sodium : 295 mg Glucides : 1,1 g Sucres : 0,3 g.

Chou-fleur Buffalo

(Prêt en 10 min environ | Portions 4 | Facile)

Ingrédients:

4 tasses de bouquets de chou-fleur

2 cuillères à soupe de beurre salé, fondu

1/2 (1 once) paquet d'assaisonnement ranch sec

1/4 tasse de sauce de buffle

Les directions:

1. Dans un grand bol, mélanger le chou-fleur avec le beurre et le dryranch. Placez-le dans le panier de l'AirFryer.

2. Ajustez la température à 400°F et réglez la minuterie sur 5 minutes.

3. Secouez le panier deux ou trois fois pendant la cuisson. Lorsqu'il est tendre, retirez le chou-fleur du panier de la friteuse et mélangez-le à la sauce Buffalo. Servir chaud.

Nutrition:Calories : 87, Protéines : 2,1 g Fibres : 2,1 g, Glucides nets : 5,2 g Lipides : 5,6 g, Sodium : 803 mg Glucides : 7,3 g Sucres : 2,1 g.

Casserole de haricots verts

(Prêt en 15 min environ | Portions 4 | Facile)

Ingrédients:

4 cuillères à soupe de beurre non salé

1/4 tasse d'oignon jaune coupé en dés

1/2 tasse de champignons blancs hachés

1/2 tasse de crème fouettée épaisse

1 once de gras: fromage à la crème

1/2 tasse de bouillon de poulet

1/4 cuillère à café de gomme de xanthane 1 livre de haricots verts frais, bords coupés

½ once de couenne de porc, finement moulue

Les directions:

1. Faire fondre le beurre dans une casserole moyenne à feu doux. Faites cuire l'oignon et les champignons pendant environ 3 à 5 minutes avant qu'ils ne deviennent tendres et parfumés.

2. Appliquez la crème à fouetter dure, le fromage à la crème et le bouillon dans la casserole. Fouetter facilement avant. Porter à ébullition, puis

réduire à feu doux. Saupoudrer la gomme xanthane dans la poêle et faire cuire.

3. Coupez les haricots verts en 2 morceaux et mettez-les dans un plat de cuisson circulaire de 4 tasses. Verser le mélange de sauce dessus et remuer jusqu'à ce qu'il soit cuit. Couvrir le bol avec les couennes de porc haché.

4. Réglez la température à 320 °F et changez la minuterie pour 15 minutes.

5. Garnir lorsqu'il est entièrement cuit, les haricots dorés et verts tendres à la fourchette. Servir moelleux.

<u>Nutrition:</u>Calories : 267, Protéines : 3,6 g, Fibres : 3,2 g, Glucides nets : 6,5 g Lipides : 23,4 g, Sodium : 161 mg, Glucides : 9,7 g, Sucres : 5,1 g.

Chou-fleur rôti à la coriandre et à la lime

(Prêt en 17 min environ | Portions 4 | Facile)

Ingrédients:

2 tasses de bouquets de chou-fleur hachés

2 cuillères à soupe d'huile de noix de coco, fondue

2 cuillères à café de piment en poudre

1/2 cuillère à café de poudre d'ail

1 citron vert moyen

2 cuillères à soupe de coriandre hachée

Les directions:

1. Mélangez le chou-fleur dans un grand bol d'huile de noix de coco. Saupoudrer de piment moulu et d'ail. Placez le chou-fleur assaisonné dans le panier de l'AirFryer.

2. Réglez la température à 350° F et changez la minuterie pour 7 minutes.

3. Le chou-fleur devient humide et commence à dorer sur les côtés. Mettre dans un bol pour manger.

4. Coupez le citron vert en quartiers et versez dessus le jus de chou-fleur. Garnir de coriandre.

Prendre plaisir!

Nutrition:Calories : 73, Protéines : 1,1 g Fibres : 1,1 g, Glucides nets : 2,2 g Lipides : 6,5 g, Sodium : 16 mg Glucides : 3,3 g Sucres : 1,1 g.

Petit pains

(Prêt en 22 min environ | Portions 4 | Facile)

Pour 6 personnes

Ingrédients:

1 tasse de fromage mozzarella râpé

1 once de gras: fromage à la crème

1 tasse de farine d'amande blanchie finement moulue

1/4 tasse de graines de lin moulues

½ cuillère à café de levure chimique

1 œuf large

Les directions:

1. Dans un grand plat allant au micro-ondes, mettre la mozzarella, le fromage à la crème et la farine d'amande—1 minute au micro-ondes. Mélanger jusqu'à consistance lisse.

2. Remplacez les graines de lin, la poudre à pâte et l'œuf jusqu'à consistance lisse et bien mélangée. S'il devient trop rigide, pulsez encore 15 secondes.

3. Séparez la pâte en six morceaux et roulez-la en boules. Placez les boules dans le panier pour AirFryer.

4. Passez à 320° F et réglez la minuterie sur 12 minutes.

5. Faites refroidir complètement les rouleaux avant de servir.

<u>Nutrition:</u>Calories : 228, Protéines : 10,8 g, Fibres : 3,9 g, Glucides nets : 2,9 g Lipides : 18,1 g, Sodium : 188 mg, Glucides : 6,8 g Sucres : 1,2 g.

www.ingramcontent.com/pod-product-compliance
Lightning Source LLC
Chambersburg PA
CBHW071823080526
44589CB00012B/900